U0007293

日本佛像圖解事典

51尊佛像 一次看懂佛像涵義、工法與歷史背景

マンガで教養 やさしい仏像

這裡就是新的職場啊……
瞪視
盯～
保全好可怕……
忐忑不安…
沒事的、沒事的。
好！

唰！
？！！
這些莫名其妙的人是怎樣……
不好意思，我好像走錯了。
抱歉打擾
沒有走錯喔。
妳是知子吧？

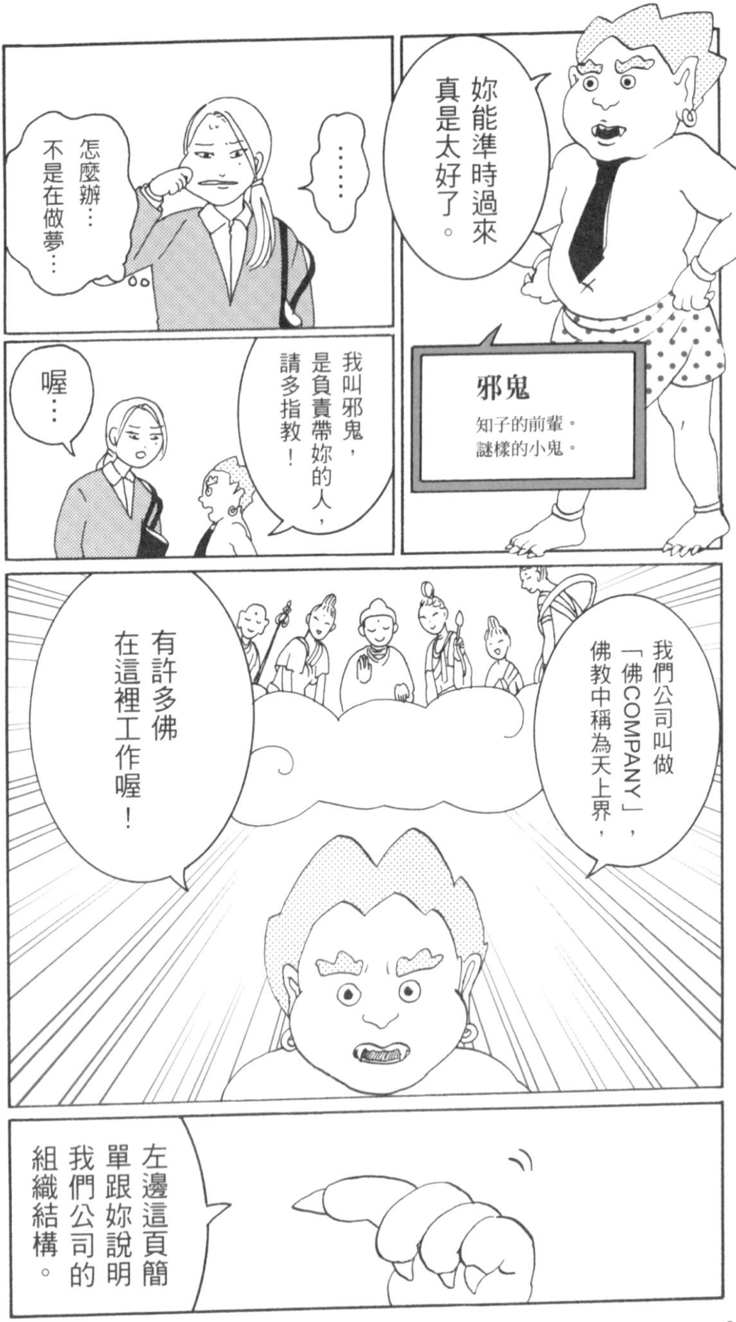
妳能準時過來真是太好了。
邪鬼
知子的前輩。
謎樣的小鬼。
……
怎麼辦…不是在做夢…
我叫邪鬼，是負責帶妳的人，請多指教！
喔…
我們公司叫做「佛COMPANY」，佛教中稱為天上界，
有許多佛在這裡工作喔！
左邊這頁簡單跟妳說明我們公司的組織結構。

登場人~~物~~佛介紹

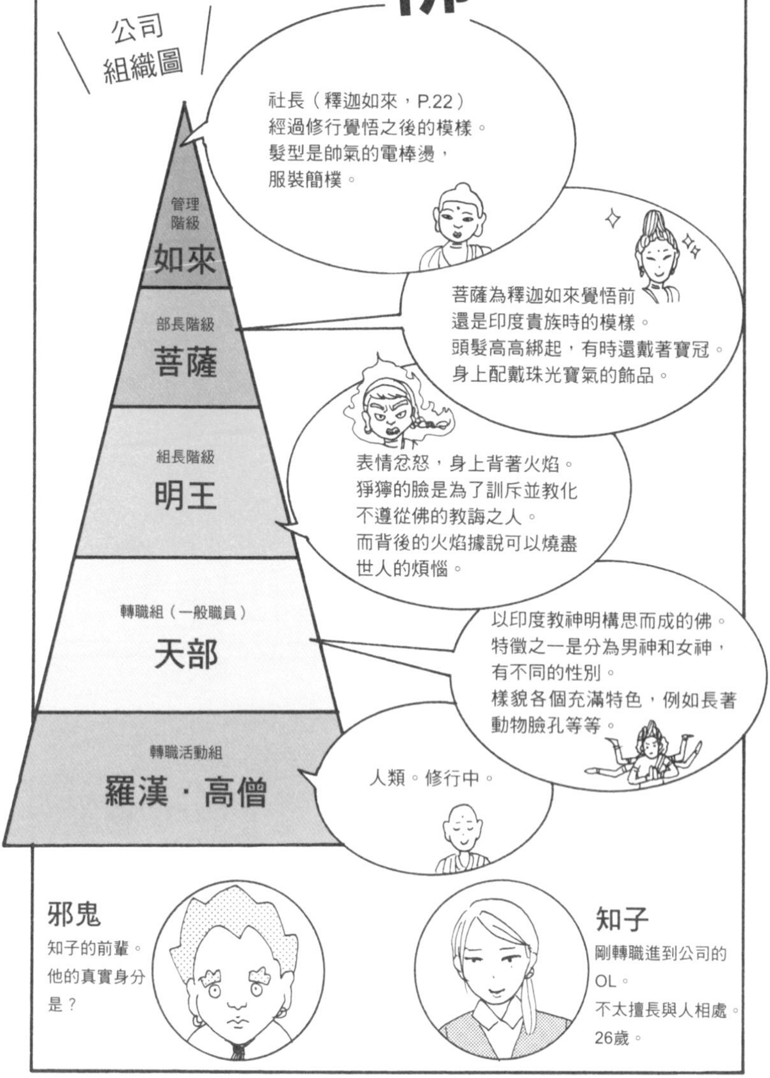

公司組織圖
管理階級
如來
社長（釋迦如來，P.22）
經過修行覺悟之後的模樣。
髮型是帥氣的電棒燙，
服裝簡樸。
部長階級
菩薩
菩薩為釋迦如來覺悟前
還是印度貴族時的模樣。
頭髮高高綁起，有時還戴著寶冠。
身上配戴珠光寶氣的飾品。
組長階級
明王
表情忿怒，身上背著火焰。
猙獰的臉是為了訓斥並教化
不遵從佛的教誨之人。
而背後的火焰據說可以燒盡
世人的煩惱。
轉職組（一般職員）
天部
以印度教神明構思而成的佛。
特徵之一是分為男神和女神，
有不同的性別。
樣貌各個充滿特色，例如長著
動物臉孔等等。
轉職活動組
羅漢・高僧
人類。修行中。
邪鬼
知子的前輩。
他的真實身分
是？
知子
剛轉職進到公司的
OL。
不太擅長與人相處。
26歲。

我想妳可能還有點不安，
要是有什麼不懂的地方就儘管問我吧★
是，前輩。
原來有電梯啊……
叮咚……
救民!!!
前輩，這是……？
這是我們公司的標語喔！

Contents

第七章 佛像百百種 193

第八章 還想知道更多！佛像豆知識 205

【佛像大集合】

【各式各樣的工法】

COLUMN

卷末附錄 奈良＆京都的佛像巡禮……241

【奈良＆京都佛像的歷史】

COLUMN 可以看到佛像的地方

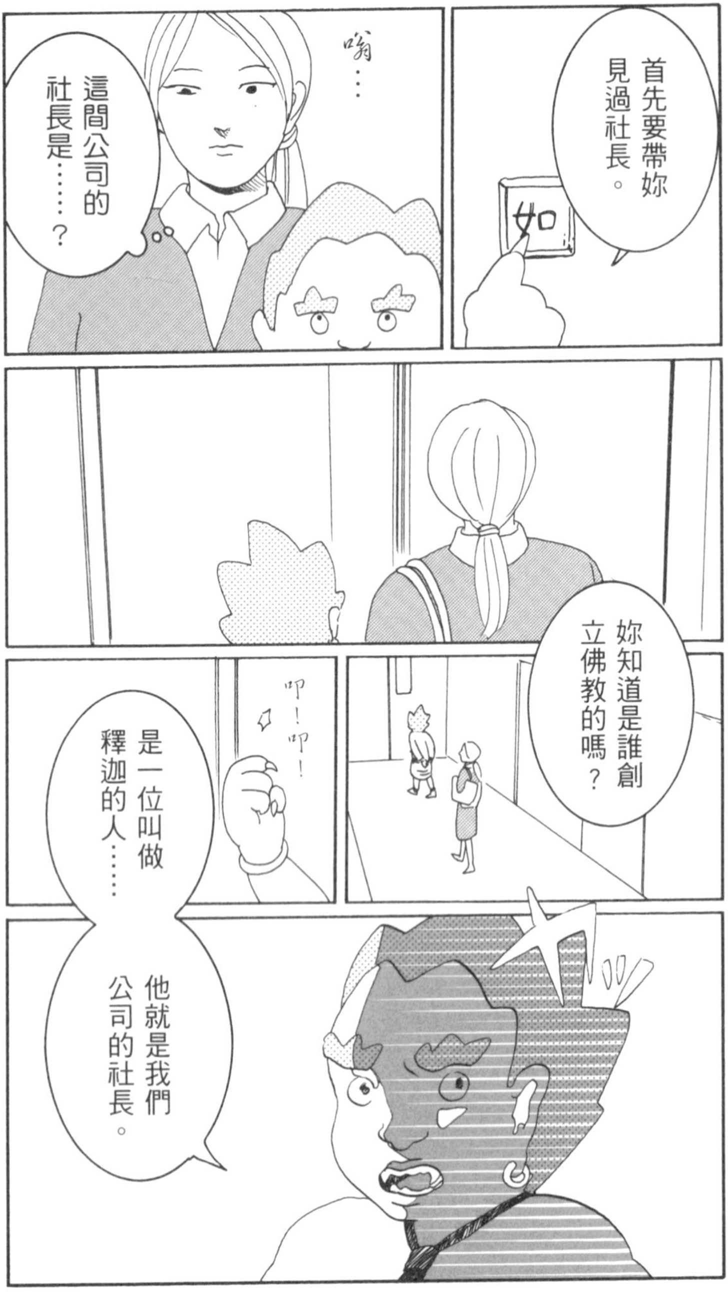
首先要帶妳見過社長。
如
嗡……
這間公司的社長是……？
妳知道是誰創立佛教的嗎？
叩！叩！
是一位叫做釋迦的人……
他就是我們公司的社長。

妳就是知子小姐吧。歡迎來到本公司！
社長　釋迦如來
佛教創始人・釋迦覺悟後的容貌。佛像界的代表人物（參見P.22）
金光閃閃！！藍色的眼睛…!?
妳可以隨意地稱呼我喔。
咦？這是…？
因為社長有很多別名呢。
・釋迦如來
・釋迦牟尼佛
・佛陀（Buddha，覺悟之人）
・喬達摩・悉達多（出生時的名字）
諸如此類，全都是同一位！

金色皮膚、藍眼睛和帥氣的電棒燙……
這個模樣可說是所有佛像的始祖呢！
這叫做三十二相，也就是在外觀上有32個與一般人不同的地方喔。
有32個之多!?
我想妳應該還有許多不了解的地方，好好努力學習吧！
我會保佑妳的。
也麻煩邪鬼了。
好的！
好刺眼……
妳還好吧？如來全都是金光閃閃的喔。

第一章

如來

【NYORAI】

覺悟之人。

高居「佛COMPANY」的最頂層。

出家後的釋迦

如來

NYORAI

何謂如來

指覺悟之人，尤以覺悟後的釋迦模樣呈現。髮型是捲起的、像是電棒燙的「螺髮」。頭頂上有個像是髻（綁在頭頂的頭髮）的圓形隆起，稱作「肉髻」。這些突顯出如來為超凡存在的三十二個身體特徵，稱為「如來三十二相」（P.16）。

除了「釋迦如來」（P.22）之外，廣為人知的還有「藥師如來」（P.34）、「阿彌陀如來」（P.36）和「大日如來」（P.40）等等。

服裝

因為已是覺悟之人，基本上穿著簡樸的服裝。通常只用一到二塊簡單的布（法衣）裹住身體，重現釋迦修行時穿著的服裝。

沒有配戴飾品（大日如來除外）。

手持物・印相

大部分的如來手裡都沒有拿東西（手持藥壺（P.35）的藥師如來除外）。

印相的涵義源自於釋迦的一生，例如冥想或說法。由於每位如來的印相都不同，看手勢便可大概知道是哪位如來。

肉髻珠
埋在肉髻和頭髮之間的紅色珠子，表示智慧的光明。

肉髻
頭部的隆起，裡面充滿智慧。

螺髮
每根頭髮向右旋捲起。

三道
喉嚨上的三道皺紋，表示到覺悟為止的三個修行階段。

白毫
在額頭中央的白色捲毛，會發出光芒照耀世界。

印相
手勢。每種手勢都有其含義（參考P.20），從不同的手勢可大致認出是哪一位如來。

大耳洞
釋迦在出家前是印度貴族，為當時佩戴耳環所留下的。

結跏趺坐
如來的一般坐姿。雙腳盤起，將兩邊的腳掌放到另一側的大腿上。

衲衣
釋迦覺悟時穿著的簡樸衣物。

蓮華座
蓮花形狀的台座。盛開於泥濘中的蓮花，象徵佛的智慧與頓悟。

代表如來特徵的

「如來三十二相」

→詳情參照P.16

代表如來特徵的「如來三十二相」

超越人類的三十二個特徵

釋　迦據說有三十二個過於常人的身體特徵，這些特徵稱為「如來三十二相」。如來佛像便是根據這些特徵製作的。不過，大部分的佛像並不會完全重現所有特徵，而是取其中容易辨識的項目製作而成。

大多數的佛像上都可以看到頭頂有突出肉髻的㉛「頂髻相」，以及額間毫毛捲起的㉜「白毫相」。其他著名的還有表示手指纖長的③「長指相」、指間帶蹼的⑤「手足指縵網相」和腳底平坦沒有足弓的①「足下安平立相」等等。

雖然日本古老佛像上的顏色大多都已斑駁脫落，不過為了表現出⑭「金色相」及㉙「真青眼相」，佛像的身體原本塗有金色，眼睛則塗著藍色。

此外，還有更細微的八十個特徵，稱作「八十種好」。在喉嚨上有三道皺紋的「三道」即是其中之一。而三道和三十二相的白毫等特徵，在菩薩佛像上也可見得。

1 足下安平立相… 參考 P19
腳底平坦緊貼地面。

2 足下二輪相… 參考 P19
腳底有法輪的圖案。佛足石即展現此特徵。

3 長指相
十指纖長。

4 足跟廣平相
腳跟寬廣平坦。

5 手足指縵網相… 參考 P19
指間有像蹼一樣的膜。

6 手足柔軟相
手腳柔軟且血色紅潤。

7 足趺高滿相
足趺（腳背）厚實隆起。

8 伊泥延膊相
小腿肚像伊泥延（鹿）一樣細長有彈性。

9 正立手摩膝相
正立（身體站直）時雙手長及膝蓋。

10 陰藏相
陰部藏於體內。

11 身廣長等相… 參考 P19
身高與兩手張開的長度相同。

12 毛上向相… 參考 P18
全身的毛髮都向上服貼且右旋。

13 一一孔一毛生相
所有的毛孔皆有長毛，並發出香氣。

14 金色相… 參考 P18
身體及手腳都閃耀著金色光輝。

15 丈光相
從身體向四周散發出一丈（約3m）的光芒。光背即表現此特徵。

16 細薄皮相
皮膚細薄滑嫩，不沾染絲毫污穢。

17 七處隆滿相
雙手、雙腳、雙肩和後頸的肌肉勻稱。

18 兩腋下隆滿相
兩邊腋下圓滿沒有凹陷。

19 上身如獅子相
上半身像獅子一般雄壯。

20 大直身相
身材寬闊端正。

21 肩圓滿相
肩膀圓滿豐腴。

22 四十齒相… 參考 P18
有40顆牙齒，全都雪白潔淨。

23 齒齊相
所有的牙齒大小相同，堅硬並緊密貼合。

24 牙白相
除了40顆牙之外，另有4顆潔白的大牙。

25 獅子頰相
臉頰的肉如獅子般豐滿。

26 味中得上味相
不論吃什麼都能嚐到食物最好的滋味。

27 大舌相
舌頭長，伸出來可以碰到髮際。

28 梵聲相
有副好嗓音，可以傳到很遠的地方。

29 真青眼相… 參考 P18
眼睛是藍色的。

30 牛眼睫相
有著像牛一樣細長整齊的睫毛。

31 頂髻相… 參考 P18
頭頂的肉隆起。肉髻即表示此特徵。

32 白毫相… 參考 P18
眉間有右旋的白毛，散發光芒。又稱白毛相。

主要的如來三十二相

一般認為如來有32個身體特徵，在此介紹其中幾個代表性的項目。

頭髮捲曲
毛上向相
全身的毛髮向右捲起。這樣的髮型稱作螺髮（P.15）。
頭部隆起
頂髻相
頭頂有瘤狀隆起，表示充滿智慧。又稱為肉髻（P.15）。
眉間白毛
白毫相
額頭中央有根捲起的白毛（P.15）。
碧眼
真青眼相
有雙藍色的眼睛。
金身
金色相
覺悟的瞬間，身體開始發出金色光芒。
40顆牙齒
四十齒相
有40顆雪白整齊的牙齒（一般人的牙齒是28～32顆）。

模擬釋迦腳掌的「佛足石」（P.185）上也有法輪。

腳底有法輪

足下二輪相

腳底有法輪（P.212）的圖樣。

扁平足

足下安平立相

腳底平坦沒有足弓（扁平足）。走路時緊貼地面。

身體縱橫同長

身廣長等相

身高與兩手張開的長度相同。站著的時候手長及膝。

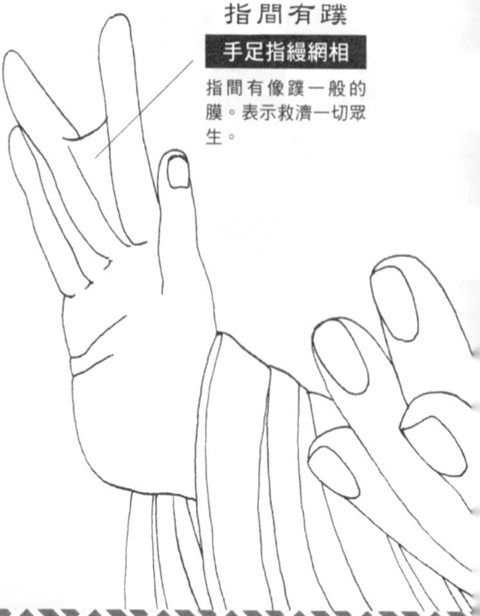

指間有蹼

手足指縵網相

指間有像蹼一般的膜。表示救濟一切眾生。

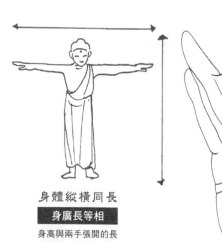

從印相分辨如來種類！

印相有著各種不同的涵義。即使是外觀上差異不大的「如來」，藉由印相便能大致分辨出祂們。

施無畏印・與願印

手掌面相前方的「施無畏印」是消除恐懼的手印。而掌心朝上的「與願印」則代表能夠實現願望。

主要佛像
…所有的如來

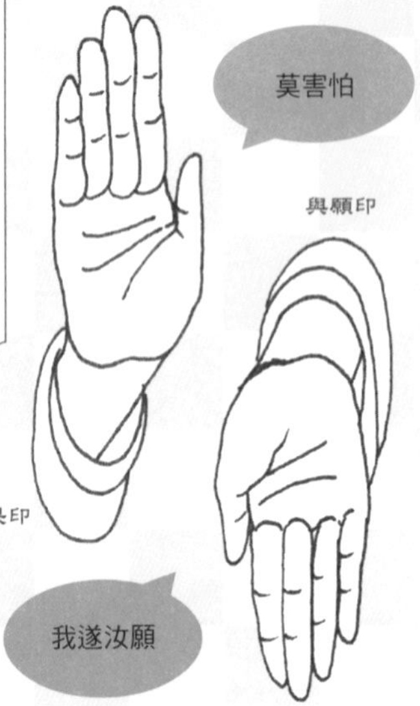

定印・阿彌陀定印

坐禪時的手印，表示靜心冥想。用拇指和食指圍成一個圈的是阿彌陀如來特有的定印。

主要佛像
…所有的如來（定印）、阿彌陀如來（阿彌陀定印）

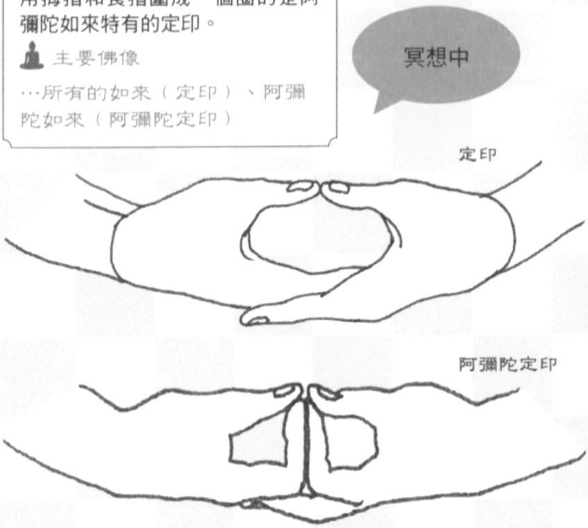

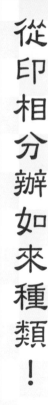

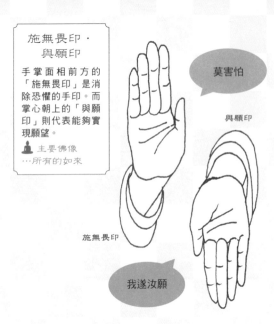

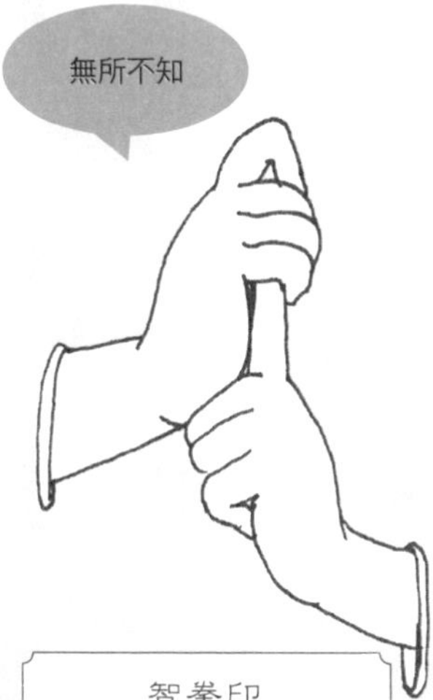

智拳印

大日如來特有的印。代表如來體現出宇宙真理的智慧。

主要佛像
…大日如來

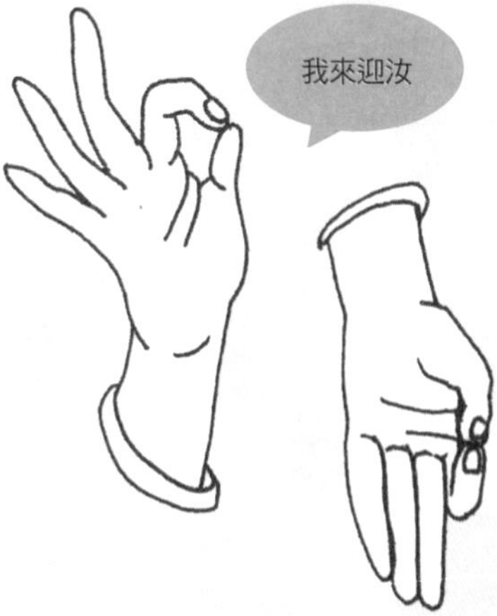

來迎印

阿彌陀如來在迎接亡者（來迎）時結的手印。

主要佛像
…阿彌陀如來

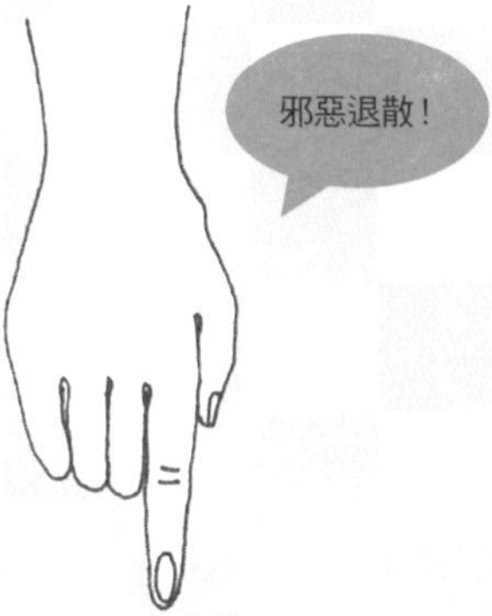

降魔印（降魔觸地印）

釋迦在驅逐妨礙其修行的惡魔時，將手指向地的手勢。

主要佛像
…釋迦如來、彌勒如來

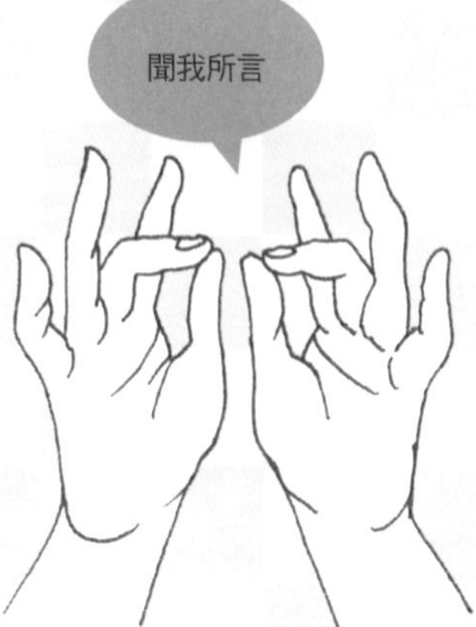

說法印

釋迦向人們傳授佛法時，將兩手舉在胸前的手勢。

主要佛像
…釋迦如來、阿彌陀如來

如來 / 菩薩 / 明王 / 天

SHAKA NYORAI

釋迦如來

構成如來基礎的佛像

如來當中，最接近釋迦本人樣貌的佛像。因為呈現的是釋迦經過修行覺悟時的模樣，身上只穿著簡樸的衣服。

釋迦在二十九歲出家、開始修行，三十五歲頓悟成為如來。最後於八十歲入滅（死亡），在那之後過了約五百～六百年才開始為其製作佛像。以最接近釋迦的模樣製作而成的釋迦如來，是佛像的起點。

在本尊兩側另外搭配兩尊稱為脅侍的佛像，這種形式叫做「三尊形式」。就釋迦如來的情況來說，以其為本尊，或搭配「文殊菩薩」（P.84）與「普賢菩薩」（P.86），或是「梵天」（P.136）與「帝釋天」（P.138）的形式最為常見。

profile

服裝&手持物

身上只圍著一到二塊布。此為釋迦修行時所穿著的破舊衣物，又稱為「糞掃衣」。

不戴飾品，手上也沒有拿東西。

職責

釋迦在八十歲過世後，過了約五百～六百年，越來越多人希望有個當作釋迦膜拜的對象。於是，世人便開始按照心目中理想的釋迦樣貌，創造佛像（參考P.184）。

在那之後，以釋迦如來為雛形的各式佛像便誕生了。

供奉寺廟

奈良
法隆寺金堂
釋迦三尊像

釋迦如來的容貌

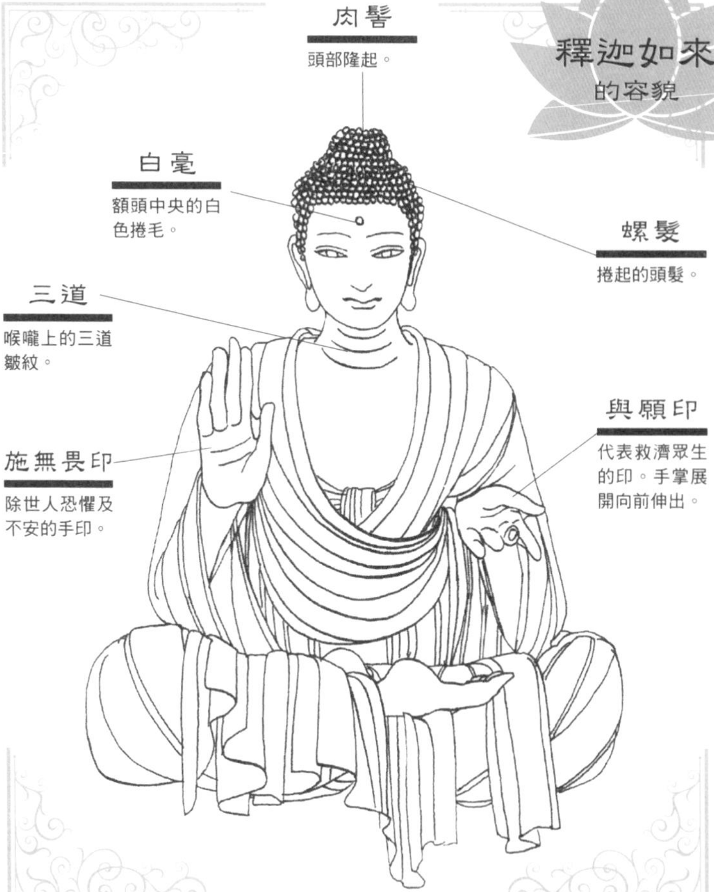
肉髻
頭部隆起。
白毫
額頭中央的白色捲毛。
螺髮
捲起的頭髮。
三道
喉嚨上的三道皺紋。
與願印
代表救濟眾生的印。手掌展開向前伸出。
施無畏印
除世人恐懼及不安的手印。

以釋迦如來為中心，搭配文殊菩薩、普賢菩薩或是梵天、帝釋天，是基本的型態。而奈良法隆寺的三尊像，脅侍則是傳說以藥治病的「藥王菩薩」和「藥上菩薩」。

→詳情參照P.238

常見的型態

釋迦三尊像

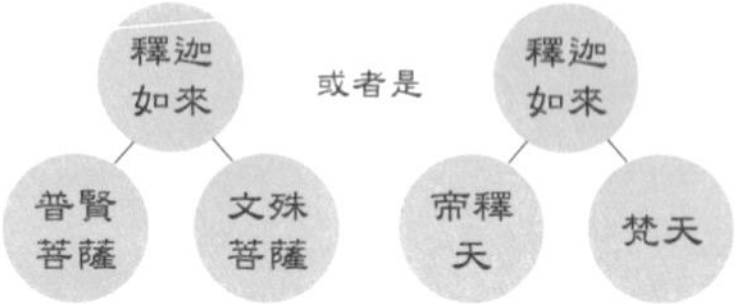
釋迦如來
普賢菩薩
文殊菩薩
或者是
釋迦如來
帝釋天
梵天

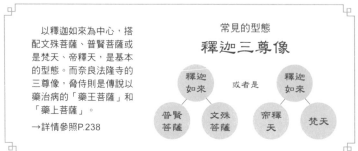

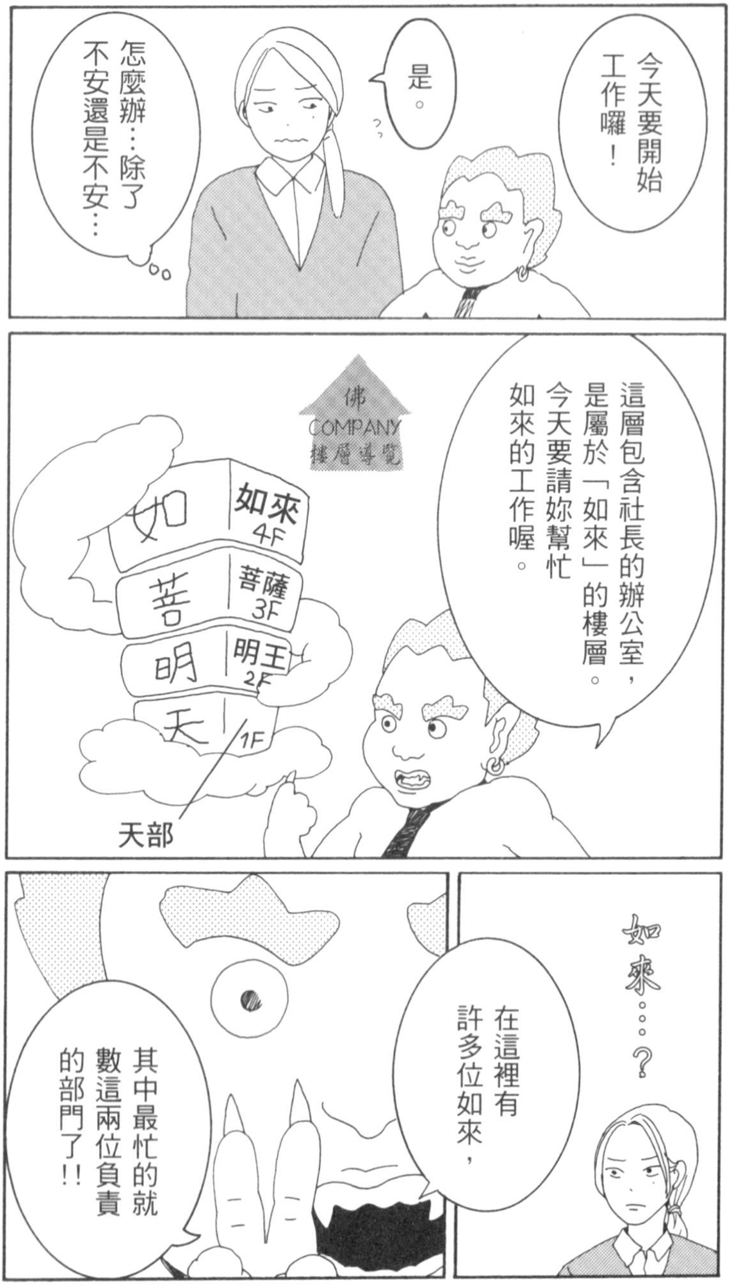
今天要開始工作囉！
是。
怎麼辦…除了不安還是不安…
這層包含社長的辦公室，是屬於「如來」的樓層。今天要請妳幫忙如來的工作喔。
佛COMPANY樓層導覽
如 如來 4F
菩 菩薩 3F
明 明王 2F
天 1F
天部
如來…？
在這裡有許多位如來，
其中最忙的就數這兩位負責的部門了!!

藥師如來的醫治百病專案
阿彌陀如來的來迎專案
這是本公司主要的兩大專案喔！
我們從這邊開始吧。藥師如來
快點！有病患！
ドドドドドドドドド
請問是否還有其他不舒服的人？
在東邊還有，波夷羅。

再過10分鐘就跟因達羅組交接！
日光菩薩
負責在白天協助藥師如來。
嗯～剩下的病人在……
唰唰
唉呀！
謝謝，邪鬼和…
我叫知子！
剛才您說交接，是指輪班制嗎？

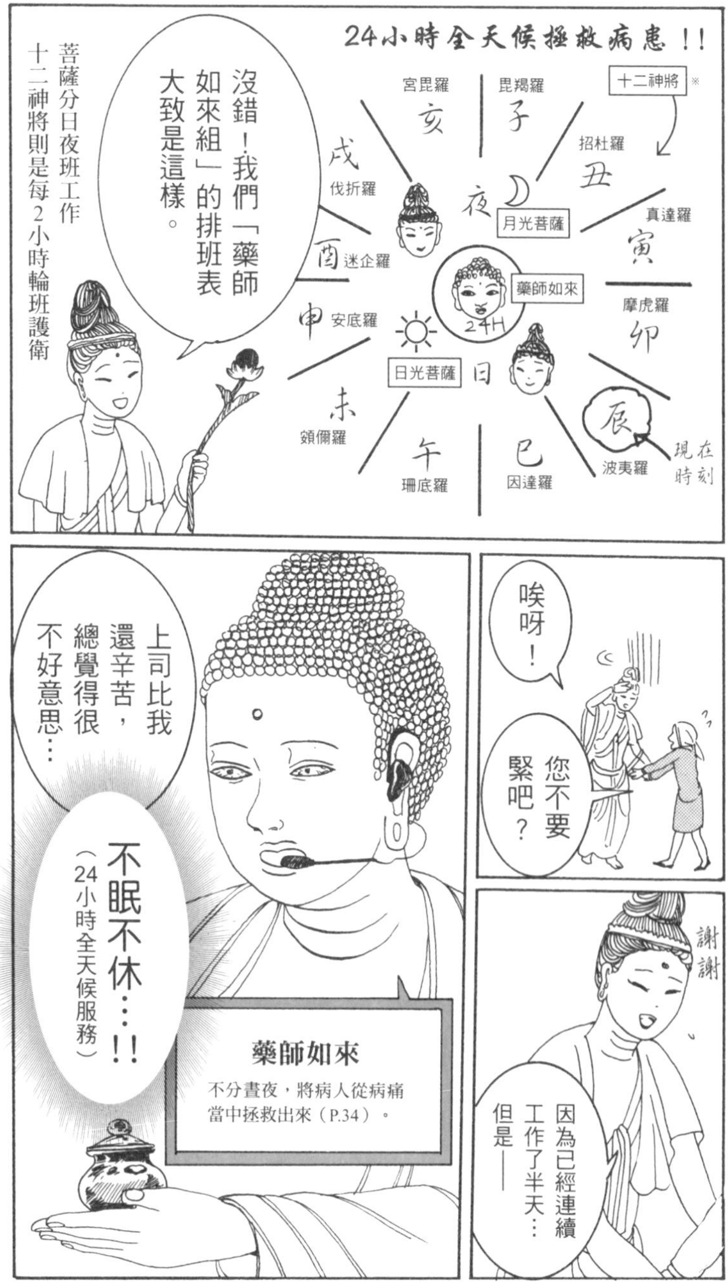
24小時全天候拯救病患!!
菩薩分日夜班工作
十二神將則是每2小時輪班護衛
沒錯!我們「藥師如來組」的排班表大致是這樣。
十二神將※
毘羯羅 子
招杜羅 丑
真達羅 寅
摩虎羅 卯
波夷羅 辰
因達羅 巳
珊底羅 午
頞儞羅 未
安底羅 申
迷企羅 酉
伐折羅 戌
宮毘羅 亥
夜
月光菩薩
藥師如來
24H
日光菩薩
日
現在時刻
唉呀!
您不要緊吧?
謝謝
因為已經連續工作了半天…但是——
上司比我還辛苦,總覺得很不好意思…
不眠不休…!!
(24小時全天候服務)
藥師如來
不分晝夜,將病人從病痛當中拯救出來(P.34)。

※十二神將(P.150)是守護藥師如來的十二個部下。每人的工作對應到十二地支,每天各負責兩小時,全天候護衛(過去用十二地支表示時刻)。

※藥師如來手裡拿著的藥壺，裡面裝著治百病的藥。

麻煩您準備來迎！
嗯。
阿彌陀如來
在人死後，將其帶領至極樂淨土的如來（P.36）。
來迎印
阿彌陀如來來迎時的手勢。
有好多聽不懂的用語…
小聲小聲
妳是說「極樂往生」和「來迎」吧！
如果說藥師如來是醫生的話，阿彌陀如來就是極樂世界的引渡人。「極樂往生」是指死後轉生到阿彌陀如來所在的極樂淨土。
「來迎」則是指佛降臨凡間迎接死去的人。
上品上生
葬禮的等級和前往極樂世界的速度會因為生前的作為而有所不同※。另外，最高級的迎接方式稱為「上品上生」。
沒有人迎接！！
下品下生

※從「上品上生」到「下品下生」共有九種往生的方式。

上品上生超讚的！
以阿彌陀如來大人、
觀音菩薩和勢至菩薩
為首，總共25位菩薩
伴隨著美妙的音樂
一起來迎……!!
陶醉……
哇!!
○○先生過世了，快準備～!!
是!!
這次換○○太太～!!
給妳！
新人，妳拿著這個！

踩、踩在雲上耶！
藥師和阿彌陀看起來真辛苦啊。
大日如來
如來中，唯一穿著華麗服裝的。沒有螺髮（P.40）。
智拳印
代表大日如來智慧的手勢
哇！衣服和飾品都好華麗……
大日如來大人！
你好啊，邪鬼好久不見了呢。
您好！
行禮
咦？這一位也是如來!?

有各式各樣的如來呢！
是啊！
…嗯？
欸？
抓起
呀啊啊啊啊啊
汗
妳好啊。
您、您好…
好大啊～!!
毘盧遮那如來
被認為是宇宙中心的巨大如來（P.38）。
不會掉下去的，放心吧。
為了一個不漏地拯救世人，如來的手指之間有蹼喔。
真的有各種如來呢…
的確是啊。

沒錯！
還有各種不同的工作型態喔！
哈哈哈哈哈
各位我們出發吧！！
喔——！！
月光菩薩
負責在晚上協助藥師如來。
每天都通宵爆肝工作。
藥師組
阿彌陀組
前輩……
我們也要值夜班嗎？
不、
不用啦！知子上日班就可以了！

如
菩
明
天

YAKUSHI NYORAI

藥師如來

拯救為病痛所苦之人

作

為醫治病痛的如來，為世人所信仰。與釋迦如來的外觀大致相同，特徵是拿著藥壺。藥壺裡裝著可以治癒各種疾病的萬能靈藥。

早期的佛像中，有些手裡並沒有拿著藥壺，難以和釋迦如來做出區別。這個時候，可以從寺院的傳承文獻或脅侍（配置在本尊兩側的佛像）來做判斷。

藥師如來的脅侍是「日光菩薩」及「月光菩薩」。日光菩薩手持日輪（代表可以消除煩惱的陽光），而月光菩薩手持月輪（代表月亮慈悲的光輝）。白天由日光菩薩、晚上則由月光菩薩協助如來，表示藥師如來不分晝夜地拯救世人。

profile

服裝&手持物

僅用一到二塊簡樸的布裹住身軀。不戴飾品。手持藥壺，但也有不拿藥壺的佛像。

職責

解決世人的一切煩惱和病痛。在成為如來的修行過程中，許了十二個宏大的願望，稱作「十二大願」，為現世之人祈求喜樂、健康和豐足的生活等等。

被認為是可以實現這些願望的「現世利益」之佛。

供奉寺廟

奈良
藥師寺金堂
藥師三尊像

奈良
新藥師寺
藥師如來坐像、
十二神將立像

藥師如來
的容貌

肉髻
頭部的隆起。
螺髮
捲起的頭髮。
白毫
額頭中央的白色捲毛。
三道
喉嚨上的三道皺紋。
施無畏印
消除世人的恐懼和不安的手印。
藥師如來的POINT!
藥壺
壺中裝著能治百病的靈藥。其他的如來通常手裡不拿東西。

常見的型態

藥師三尊像

以藥師如來為中心、日光與月光菩薩兩位為脅侍的三尊形式。在某些地方還能看到作為侍衛的「十二神將」（P.150）配置在周圍。

藥師如來
月光菩薩
日光菩薩

→詳情參照P.237

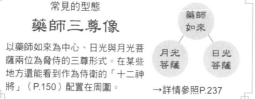

AMIDA NYORAI

阿彌陀如來

引領亡者前往極樂淨土

人死之際，只要唱念「南無阿彌陀佛」（皈依阿彌陀佛之意），阿彌陀如來便會前來迎接（來迎），將亡者帶往極樂淨土。

來迎依照信仰的虔誠度以及生前的素行，分為九個階段；而配合不同的來迎階段，阿彌陀如來也有九種不同的印相。常見的印相有兩種：用雙手的拇指及食指圍成圈、阿彌陀如來特有的「來迎印」；以及同樣用雙手的手指做成圈、並將其放在腿上的「阿彌陀定印」。因為兩者都會用手指比出圓形，可以記成「往極樂的OK手印」。

三尊形式則多以「觀音菩薩」（P.56）和「勢至菩薩」（P.88）為脅侍（配置於本尊兩側的佛像）。

profile

服裝&手持物

僅用一到二塊簡樸的布裹住身體。不戴飾品，手裡也沒有拿東西。

職責

阿彌陀如來曾立下誓言：「信奉吾並呼喚吾名之人，必得救贖。」與世人約定，只要在死前唱念「南無阿彌陀佛」，便可前往極樂淨土。

人死之時，阿彌陀如來會乘著紫雲來迎。而與其一同前來的二十五位菩薩，會一路以樂舞相迎。

供奉寺廟

京都
平等院鳳凰堂
阿彌陀如來坐像

京都
三千院
阿彌陀三尊坐像

阿彌陀如來的容貌

阿彌陀如來的 POINT!

來迎印

向眾生表示，阿彌陀如來必定將其迎往極樂淨土。代表九品往生中的「下品上生」。

或者是

阿彌陀定印

表示將虔誠的信眾迎接到極樂世界。代表九品往生中的「上品上生」。

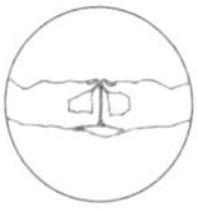

肉髻

頭部的隆起。

螺髮

捲起的頭髮。

白毫

額頭中央的白色捲毛。

三道

喉嚨上的三道皺紋。

往生方式依印相而異的「九品往生」

依照生前功德，分為九種來迎方式。功德較圓滿的人往生時，阿彌陀如來將領著二十五位菩薩來迎，是最高等級的「上品上生」。如「上品上生」對應「阿彌陀定印」般，不同的往生方式有著不同的印相。

常見的型態

阿彌陀三尊像

勢至菩薩 — 阿彌陀如來 — 觀音菩薩

→詳情參照P.237

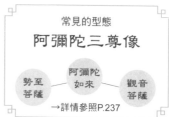

如
菩
明
天

BIRUSHANA NYORAI

毘盧遮那如來

佛教教義的體現

毘盧遮那如來（盧遮那佛）是超越釋迦如來（P.22）的宇宙真理，即釋迦如來所倡導之佛教教義化身為佛的型態。因此，人們認為釋迦是為了領導世人而出現的毘盧遮那如來的化身。

毘盧遮那如來坐在稱為「蓮華藏世界」的淨土中、有著一千片花瓣的蓮座上。一片片的花瓣代表著不同世界，每個世界都有釋迦存在，而其中之一即為人類的世界。此外，光背上有著無數的化佛（如來的化身），每尊化佛都在傳授佛法。

最具代表性的佛像是東大寺的「奈良大佛」。由於被視為萬物的中心，常被製成巨大的佛像。

profile

服裝&手持物

僅用一到二塊簡樸的布裹住身體。不戴飾品，手裡也沒有拿東西。

職責

毘盧遮那如來傳授《華嚴經》和《梵網經》等經典，是體現宇宙真理的佛。傳說，從他的一個個毛細孔裡，會冒出無數的釋迦如來。

也有一說是毘盧遮那如來坐在名為「蓮華藏世界」的淨土中的蓮花之上，在一千片蓮花花瓣當中，存在著無數的釋迦如來。

供奉寺廟

奈良
東大寺大佛殿
盧舍那佛坐像

奈良
唐招提寺金堂
盧舍那佛坐像

毘盧遮那如來 的容貌

螺髮
捲起的頭髮。
白毫
額頭中央的白色捲毛。
三道
喉嚨上的三道皺紋。
施無畏印
替世人消除恐懼和不安的手印。
肉髻
頭部的隆起。
結跏趺坐
雙腳盤起，將兩邊的腳掌放到另一側的大腿上。
與願印
代表救濟眾生的手印，能夠實現人的願望。

存在無數如來的蓮華座與光背

要辨別出毘盧遮那如來，必須注意看蓮華座和光背。如果蓮華座上刻有如來的造型，或是可以在光背上看到許多化佛，那麼該佛像就很有可能是毘盧遮那佛。

如
菩
明
天

DAINICHI NYORAI

大日如來

立於密教的頂點

大日如來是密教世界的中心，被稱為「代表宇宙的真理」。在密教裡還有另外一個說法，認為所有的佛都是大日如來的化身。

雖身為如來，但頭戴豪華頭冠、身上配戴項鍊等華麗的飾品，有著非常鮮明的特徵。

共有二種曼荼羅，以圖畫的方式呈現大日如來所在的世界，一個稱為「金剛界」，另一個稱為「胎藏界」。從不同的印相，就能分辨出是哪一個世界的大日如來：金剛界的大日如來手結代表智慧的「智拳印」；胎藏界的大日如來則比著「法界定印」，表示靜心冥想、進入頓悟境界的姿態。

profile

服裝&手持物

以華麗富貴的裝扮為特徵，在如來當中屬於例外。

在服裝上，上半身裹著条帛（細長的布），下半身則圍著像長裙一樣的裙。頭髮高高綁起，戴著頭冠和首飾。手不持物。

職責

密教認為，世界上無處無佛，且所有的佛皆為大日如來的化身。

大日如來就像是太陽，以智慧之光照耀世界萬物，存在於宇宙中心。

供奉寺廟

奈良
円成寺多寶塔
大日如來坐像

大日如來的容貌

寶髻

高高綁起的髮型。

大日如來的POINT!

寶冠

頭上戴著豪華的頭冠。

大日如來的POINT!

智拳印

金剛界大日如來的印相。豎起左手食指，再用右手將其握住，像忍者一樣的手勢。代表智慧。

或者是

法界定印

胎藏界大日如來的印相，手勢和釋迦的定印一樣。表示頓悟的境界。

白毫

額頭中央的白色捲毛。

三道

喉嚨上的三道皺紋。

飾品

身上穿戴華麗的項鍊、手鍊或臂環等等。

結跏趺坐

大日如來代表堅定不移的睿智，故沒有立像。

認識如來的居所

人類所在的「現世」與如來所在的「淨土」

佛教最初認為，只有修行過的人才能覺悟。然而，在宣揚要拯救所有人的「大乘佛教」成立之後，人們開始認為，在釋迦如來之前，就已經存在擁有各種神力的如來。如來居住在距離人類的世界（現世）非常遙遠的「淨土」。阿彌陀如來（P.36）住在西方的極樂淨土；藥師如來（P.34）住在東方的琉璃光淨土。祂們從各自的世界拯救人類。

釋迦如來（P.22）則是現身於現世的如來。在釋迦死後，現世便沒有如來了，因此也存在著未來會出現的如來「彌勒」。彌勒將在五十六億七千萬年後成為如來，拯救世人。現在則是以彌勒菩薩（P.92）的身分，持續思考著拯救世人的方法。

此外，毘盧遮那如來（P.38）也作為大乘佛教的理想型態現身。並且隨著時代演進，出現了被認為是宇宙絕對真理的密教大日如來（P.40）。

如來居住的世界

藥師如來和阿彌陀如來住在淨土，
拯救現世的人類。
毘盧遮那如來和大日如來
也住在各自的世界裡。

西

極樂淨土

阿彌陀如來

沒有任何痛苦的幸福世界。人如果在死前唸誦「南無阿彌陀佛」，便可以往生至極樂淨土。

現世

釋迦如來

人類居住的世界。釋迦為了拯救人類，現身於世。在釋迦入滅之後，便進入沒有佛的「無佛時代」。預計在五十六億七千萬年之後，彌勒如來將會現身。

東

琉璃光淨土

藥師如來

所謂的琉璃，是一種名為青金石的寶石。琉璃光淨土是一個完全沒有不純之物、像琉璃一樣澄淨的世界。

金剛界・胎藏界

大日如來

分為以如來無可比擬的智慧製成的金剛界，以及被如來無限的慈悲包圍的胎藏界。

蓮華藏世界

毘盧遮那如來

毘盧遮那如來即為世界本身。祂坐在有著一千片花瓣的蓮座上，而花瓣上存在著無數的釋迦如來。

可以看到佛像的地方

1

奈良

國寶級佛像的寶庫！

日本的古都代表——奈良，自古以來便是佛教的發展中心。和聖德太子有淵源的法隆寺、「奈良大佛」坐鎮的東大寺以及興福寺等，奈良保留了許多以飛鳥～奈良時代為主的精美寺廟與佛像。

法隆寺的「釋迦三尊像」，是活躍於飛鳥時代的渡來人（注：來自中國或朝鮮的移民）佛師．鞍作止利的代表作。而同樣創建於飛鳥時期的中宮寺「彌勒菩薩」，則是以其「神秘的微笑」和手撐著臉頰沉思的「思惟相」著名。

此外，在源平合戰時，興福寺的眾多佛像遭到燒毀，在那之後藉由慶派（以運慶為中心的造佛師們）之手得以復原。因此，在這裡可以一覽從奈良時代寺廟建造當時、一直到鎌倉時代復原後的佛像。

知名的寺廟＆佛像

- 法隆寺「釋迦三尊像」「救世觀音像」「百濟觀音像」
- 中宮寺「菩薩半跏像（傳 如意輪觀音像）」
- 藥師寺「藥師三尊像」「聖觀音菩薩像」
- 新藥師寺「藥師如來坐像」「十二神將立像」
- 東大寺「盧舍那佛坐像（奈良大佛）」「金剛力士立像」
- 興福寺「阿修羅像」「銅造佛頭」「無著．世親立像」

☞ 詳細巡禮方式參考P.248

第二章

菩薩

【BOSATSU】

實質上實現世人願望的佛。

公司裡的部長階級。

王子時期的釋迦

菩薩

BOSATSU

如來
菩薩
明王
天部

何謂菩薩

頓悟之前的模樣。以釋迦出家前的模樣呈現，也有人說是參照釋迦作為印度貴族時的容貌。頭髮高高束起，戴著頭冠和項鍊、手環等華麗飾品。

與如來相比，每位菩薩的特色鮮明。為了實現世人的願望而改變自己的樣貌、型態。「觀音菩薩」（P.56）依照不同的功德力量變化成「十一面觀音」或「千手觀音」等各種姿態，稱為「變化觀音」。除此之外，還有許多不同種類的菩薩。

服裝

傳說是參考釋迦仍為印度貴族時的奢華服飾。

上半身纏著条帛（細長的布），腰部以下圍著裙（或是裳），肩膀上則掛著稱為天衣、像是披肩一樣的布。

手持物・印相

比如來更能夠具體地實現世人願望的佛，類似協助如來的角色。因此，多拿著可以實現願望的物品。例如觀音菩薩會拿著蓮花、水瓶或寶珠等物。

印相的部分，除了「合掌印」之外，還有「施無畏印」、「與願印」及「說法印」等。

寶髻
將長髮高高綁起的髮型。
寶冠
以寶石等物裝飾的頭冠。
三道
喉嚨上的三道皺紋。
白毫
額頭中央的白色捲毛。
瓔珞
項鍊。
手持物
手持蓮花或水瓶等物，依菩薩種類而異。
印相
手勢。各代表不同的意義，依菩薩的種類而異。
条帛
從左肩纏到右側腹部的細長布條。
腕釧
手環。
天衣
掛在肩膀上、像披肩一樣的長布。
裙
圍在腰上、像長裙一樣的布。又稱裳。
蓮華座
模仿極樂淨土的蓮花製成的台座。

與如來的共通之處

- 白毫
- 三道
- 蓮華座

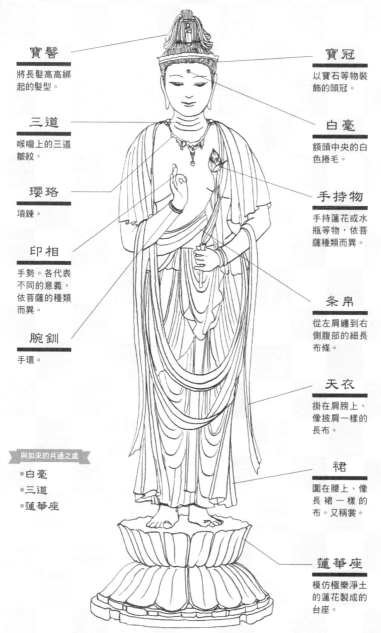

今天要見的，是在阿彌陀如來那裡也見過的……
那裡就是觀音的辦公室。
觀音
鈴鈴鈴鈴
嗶—喀喀喀
光站在外面就覺得不妙……
叮—咚
觀音的工作是傾聽並實現人們的願望※。
打、
打擾了……
……是
好的
聖觀音
人們熟悉的觀音菩薩，有著和人類相近的外表（P.56）。
觀音

※觀音菩薩不做為阿彌陀如來的脅侍，而是被人們獨立供奉時，主要的職責為實現世人的願望。

※觀音菩薩是「現世利益」之佛，即使是單純的願望也沒關係。

※關於臉的表情，請參考P.62。

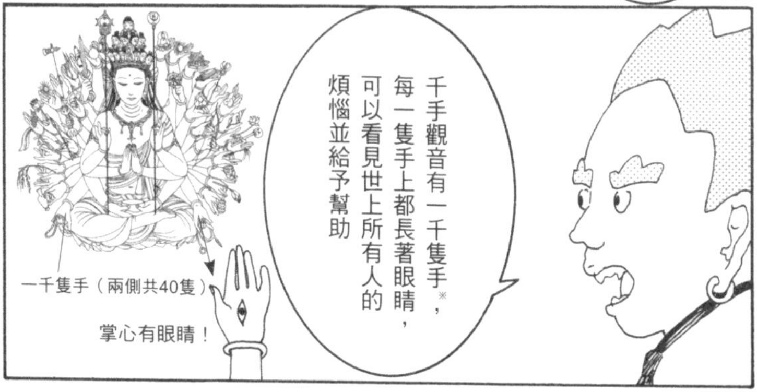

※據說一隻手可以拯救25個世界，佛像大多是以兩側共40隻手（40×25＝1000個世界）的樣子呈現。

真的耶……
又變化了……!!
而且那個坐姿是怎麼回事！
如意輪觀音
手裡拿著可以實現願望的如意寶珠。呈現將兩腳腳底貼在一起的特殊坐姿（P.68）。
那種男人就別理了！
下次找個更好的對象，
迎接幸福快樂的日子吧！
妳也要學著點……
是……
碰！
真是好佛（女人）～!!

所以說啊!!
你為什麼就是不懂呢~
那種不切實際又自以為是的願望是不可能實現的！
馬頭觀音
頭頂著馬頭的觀音。可以像馬吃草一樣把煩惱吃光光（P.74）。
咦！頭上有馬…!!那也是觀音嗎？
沒錯，祂會用忿怒斬斷人的煩惱，同時也是動物的守護神。雖然長得很可怕，但其實很愛護動物喔！
好可怕…

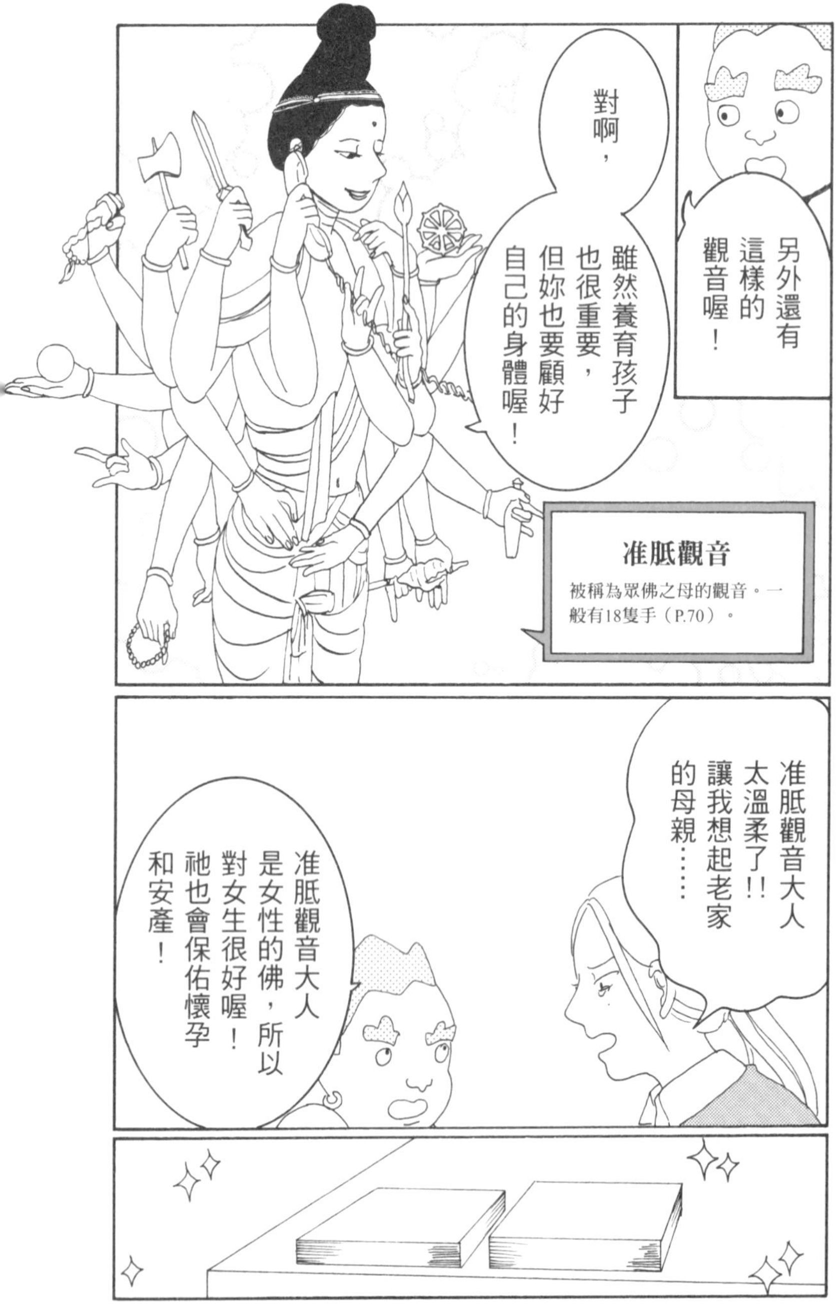
另外還有這樣的觀音喔！
對啊，雖然養育孩子也很重要，但妳也要顧好自己的身體喔！
准胝觀音
被稱為眾佛之母的觀音。一般有18隻手（P.70）。
准胝觀音大人太溫柔了!!讓我想起老家的母親……
准胝觀音大人是女性的佛，所以對女生很好喔！祂也會保佑懷孕和安產！

謝謝您的指導！
別這麼說，我才要謝謝你們幫忙。
那麼，兩位辛苦啦～！
變回聖觀音了……不愧是變化觀音。
複習單元
千手觀音
頭上有11張臉，一般除了正面的2隻手，兩側還有各40隻手。
十一面觀音
頭上有11張臉，大部分是2隻手。
聖觀音
長得和人類差不多，有一張臉和2隻手。
准胝觀音
一張臉，一般是18隻手。有著女性化的五官。
馬頭觀音
有3張臉，頭上戴著馬頭，表情兇惡。一般有6隻手。
如意輪觀音
一張臉，多為6隻手。坐姿特別，將雙腳腳底貼在一起。

如
菩
明
天

SHO KANNON

聖觀音

觀音菩薩的基本型態

觀

音菩薩的職責是實現世人的願望。配合人類五花八門的願望，觀音菩薩進化成各式各樣的型態。依照不同的功德力量而變化樣貌，被稱為「變化觀音」。「聖觀音」即為變化觀音的基本型態，外觀和普通人一樣，有一顆頭和兩隻手。

頭髮在頭頂上紮成一束，頭戴的寶冠裝飾著阿彌陀如來（P.36）的化佛。有時被單獨祭祀，有時則和勢至菩薩（P.88）一起做為阿彌陀如來的脅侍（配置在本尊兩側的佛像）。觀音菩薩做為脅侍的時候，雙手大多捧著用來盛放亡者靈魂的蓮花，協助阿彌陀如來進行來迎（將亡者迎接至極樂淨土）。

profile

服裝&手持物

上半身纏著条帛，腰部以下則裹著裙，肩上披著天衣。左手大多持蓮花或水瓶。

頭上以化佛裝飾，這個特徵不僅限於聖觀音，觀音的其他變化形態也多是如此。

職責

觀音菩薩可以配合人們的願望，變成擁有各種能力的「十一面觀音」或「千手觀音」，稱為「變化觀音」。被認為能夠為現世帶來利益的觀音，在各地都贏得深厚的信仰。

供奉寺廟

奈良
藥師寺東院堂
聖觀世音菩薩像

奈良
法隆寺百濟觀音堂
百濟觀音像

聖觀音 的容貌

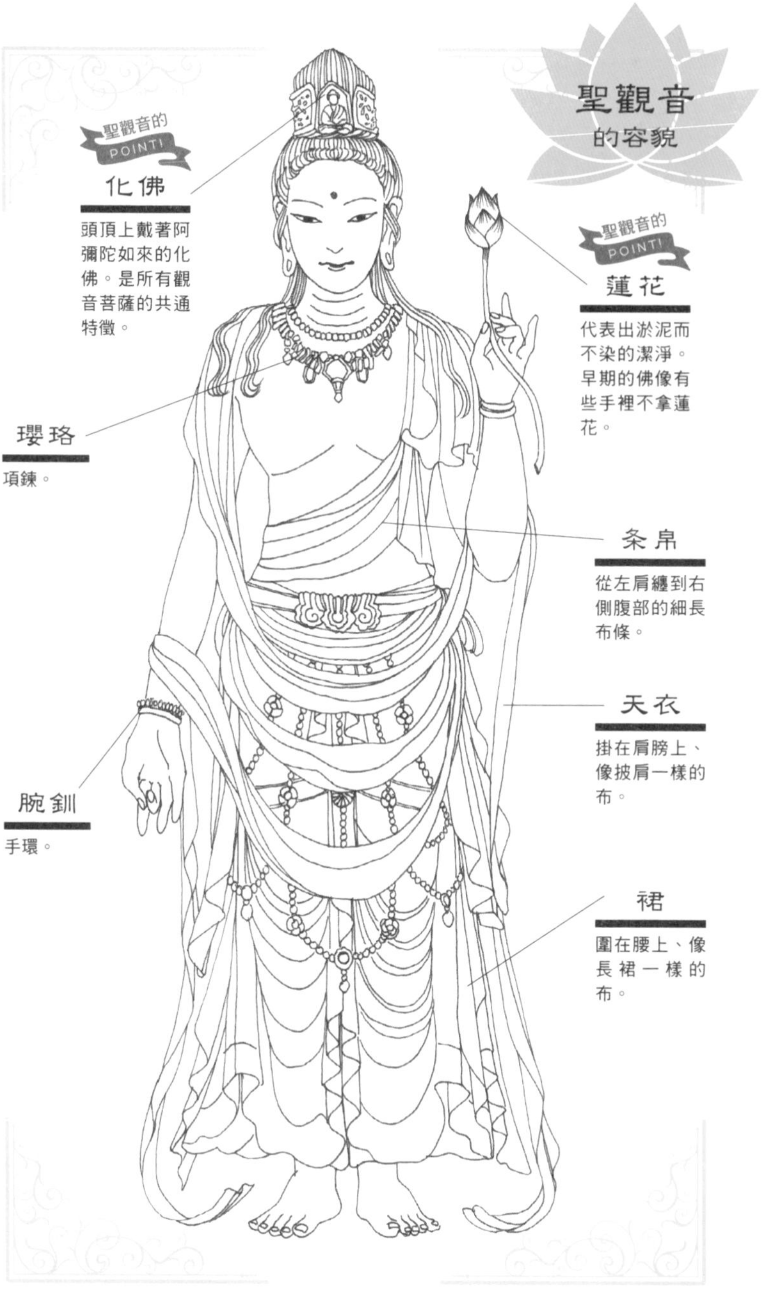
聖觀音的
POINT!
化佛
頭頂上戴著阿彌陀如來的化佛。是所有觀音菩薩的共通特徵。
聖觀音的
POINT!
蓮花
代表出淤泥而不染的潔淨。早期的佛像有些手裡不拿蓮花。
瓔珞
項鍊。
条帛
從左肩纏到右側腹部的細長布條。
天衣
掛在肩膀上、像披肩一樣的布。
腕釧
手環。
裙
圍在腰上、像長裙一樣的布。

配合救濟方法變身！變化觀音

守護六個世界的六種觀音

觀音菩薩的正式名稱是「觀世音菩薩」或「觀自在菩薩」，意指可以觀看（聽見）世人求救的聲音並依其意願給予救贖。

觀音菩薩為了拯救世人而變化成各式各樣的樣貌，稱為「變化觀音」。其救濟方法繁多，為了滿足人們的願望，總共有三十三種變化形態，其中最具代表性的六尊觀音即為「六觀音」。

六觀音是守護「六道」的觀音。所謂的六道，是「天道」、「人道」、「阿修羅道」、「畜生道」、「餓鬼道」和「地獄道」，指包含人界的六個世界，所有的生命都會在六道中不斷輪迴轉生（投胎轉世），生前的行為將會決定下輩子將前往哪一個世界。只要還在這個世界輪迴，人類的苦痛就不會消失，也無法成佛。六觀音各自負責不同的世界，拯救在六個世界裡不斷迷惘的人類。

幫助六道世界的六觀音

只要無法極樂往生，人類就必須在六個世界中
不斷地轉世、迷途下去。

畜生道

畜生是指牛馬等動物。憑藉本能生存、受人類使喚的世界。

馬頭觀音 →P.74

餓鬼道

餓鬼所在的世界。終其一生受飢餓及乾渴折磨。

千手觀音 →P.64

地獄道

遭受各種苦難的世界。

聖觀音 →P.56

還有穿梭在六道拯救世人的「地藏菩薩」

以「六地藏」的身分在六個世界穿梭，實際救濟世人。

→詳情參照P.94

天道

天人居住的世界。雖然幾乎沒有苦痛，但也並非毫無煩惱。

如意輪觀音 →P.68

人道

只要活在人世，就必須承受「生老病死」的苦難。

准胝觀音 →P.70

或者是

不空羂索觀音 →P.72

阿修羅道

阿修羅（P.152）所在的世界。因為忿怒而忘卻自我，征戰不休。

十一面觀音 →P.60

如
菩
明
天

JUICHIMEN KANNON

十一面觀音

拯救各地的人們

觀音菩薩變化後的姿態。大部分的十一面觀音，頭上有十或十一張臉，正面戴著阿彌陀如來的化佛。十一張臉是由頭頂的佛面（覺悟的表情）、正面的二或三個菩薩面（慈悲的表情）、面對佛像右邊的三個瞋怒面（忿怒的表情）和左邊的三個狗牙上出面（露出牙齒，奉勸世人信奉佛教、鼓勵的表情），以及正後方的一個暴惡大笑面（用笑驅趕邪惡）組成。

在大部分的佛像上，都看不到在正後方的暴惡大笑面。不過，滋賀縣向源寺擁有被視為代表作的十一面觀音像，可以繞到佛像後方，看到這個用笑容驅趕邪惡的猙獰表情。

profile

服裝&手持物

上半身纏著条帛，腰部以下則圍著裙，肩上披著天衣。

大多為兩隻手。左手拿著水瓶或蓮花，右手結「與願印」或拿著數珠。

職責

前後左右的十一張臉孔，是為了能夠縱觀四方、拯救所有人而存在的。

從奈良時代開始為人們所信仰，是日本最早出現的變化觀音。

頭上的各種表情象徵觀音橫跨多種領域的功德力量。

供奉寺廟

滋賀
向源寺
十一面觀音立像

奈良
聖林寺
十一面觀音立像

十一面觀音
的容貌

十一面觀音的 POINT!

十一張臉

詳情參照P.62。

十一面觀音的 POINT!

化佛

裝飾在頭部正面的小型阿彌陀如來像。同為觀音菩薩的特徵。也有不戴化佛的佛像。

天衣

掛在肩膀上、像披肩一樣的布。

蓮花・水瓶

代表出於泥而不染的蓮花，和裝有「功德水」、可以替世人實現願望的水瓶。

與願印

代表傾聽並實現眾人願望的手印。有時也拿著數珠。

条帛

從左肩纏到右側腹部的細長布條。

裙

圍在腰上、像長裙一樣的布。

十一面的涵義

十一面觀音頭上圍成一圈的11張臉孔，除了其中一張是如來，其餘分為四個種類。

十一面觀音的頭上有十一張臉，也有一部分是十張臉（加上佛像本身的臉總共十一面）。頭上是十張臉的時候，大多是用化佛（小型的阿彌陀如來像）來取代正面的「慈悲」表情。

十一面的其中之一是如來的臉，稱為「佛面」，位於頭頂正上方。髮型是像電棒燙一樣的螺髮，頭頂有突起的肉髻，一般比其他的頭還要大上一些。

在佛面下方，用環顧三六〇度的方式排列著十張（或九張）菩薩的臉。頭上綁髻，戴著寶冠。面對著前、後、左、右不同方向的頭，表情也各不相同。

正後方是…
暴惡大笑面
360度
無死角！
佛面
化佛
（阿彌陀如來像）
狗牙上出面
瞋怒面
菩薩面

頭上臉孔的涵義

頭上頂著11張臉，360度環顧四方。
也有一部分是包含佛像本身算做11面（頭上10張臉）。

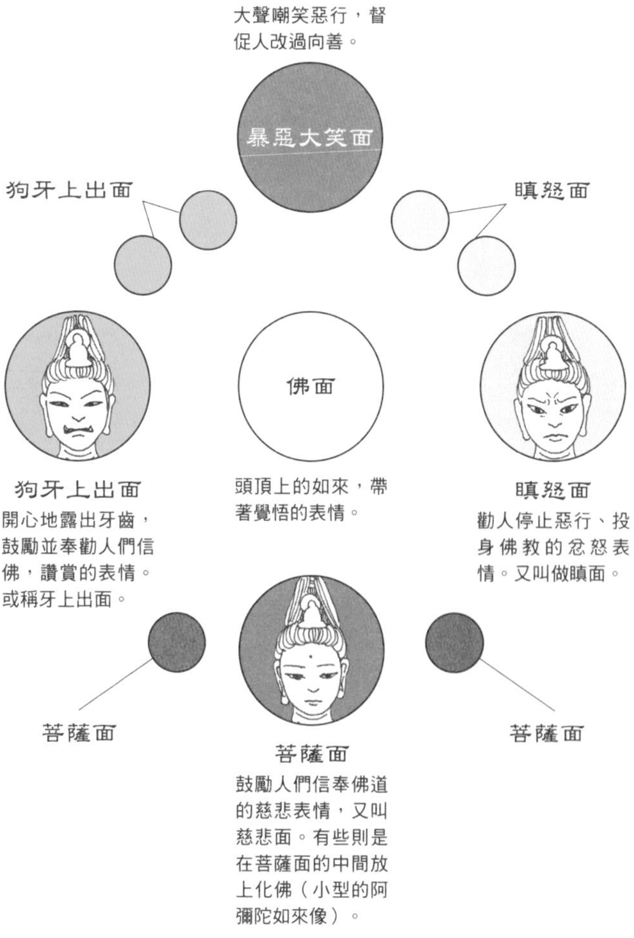
大聲嘲笑惡行，督促人改過向善。
暴惡大笑面
狗牙上出面
瞋怒面
佛面
狗牙上出面
開心地露出牙齒，鼓勵並奉勸人們信佛，讚賞的表情。或稱牙上出面。
頭頂上的如來，帶著覺悟的表情。
瞋怒面
勸人停止惡行、投身佛教的忿怒表情。又叫做瞋面。
菩薩面
菩薩面
菩薩面
鼓勵人們信奉佛道的慈悲表情，又叫慈悲面。有些則是在菩薩面的中間放上化佛（小型的阿彌陀如來像）。

SENJU KANNON

千手觀音

用一千隻手拯救世人

觀音菩薩變化後的姿態。正式名稱為「千手千眼觀世音菩薩」。特徵是有一千隻手，每隻手的手掌心各有一隻眼睛。被認為是十一面觀音（P.60）再進化後的型態，一般頭上有十一面。

在眾多千手觀音佛像中，雖有真的做出一千隻手的佛像，但大部分的佛像都省略成四十二隻手。其中，除了在胸前合掌的兩隻手，其餘四十支脇手各拯救二十五個世界……「二五×四〇＝一〇〇〇」，也就是可以拯救一千個世界的菩薩。

除了千手觀音，「准胝觀音」（P.70）及「不空羂索觀音」（P.72）這些佛像手的數量也很多。要仔細分辨，頭上沒有十一面的，幾乎都不是千手觀音。

profile

服裝&手持物

上半身纏著条帛，腰部以下則圍著裙，肩上披著天衣。

前面的兩隻手合掌，其他的手則拿著各式各樣的物品，可以用各種方式實現願望。

職責

「千」是無限的意思，象徵擁有無限多種救濟方式。並且可用手掌上的眼睛看見所有人的願望。

廣泛受到世人信奉，像是建造了一千零一尊佛像的三十三間堂便是十分知名的一例。

供奉寺廟

京都
蓮華王院三十三間堂
千手觀音坐像

大阪
葛井寺
十一面千手千眼觀世音菩薩坐像

千手觀音的容貌

十一張臉

頭上頂著十一張臉孔，臉上的表情請參照十一面觀音（P.62）。

寶鉢

化佛

頭部正面戴著小型阿彌陀如來像。

千手觀音的POINT!

脇手的手持物

詳情參照P.66

千手觀音的POINT!

合掌印

中間的兩隻手擺出合掌印，表示與佛合為一體。

千手觀音的POINT!

四十隻脇手

一隻手可以拯救25個世界，總共可拯救一千個世界。

每隻手上都長著眼睛

有的佛像在每一隻手上都長有眼睛，不會漏看世人的願望。

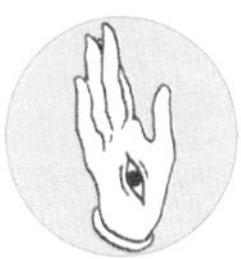

千手觀音
的手持物

千手觀音的40隻手上拿著不同物品，這些物品擁有各種助人的功能。以下將介紹其中較具代表性的。

右手

1 錫杖
與左手的寶戟（15）成對。守護世人。

2 16 化佛
小型的如來佛像。

3 寶劍
斬斷煩惱。

4 寶經
佛典。獲得佛的教誨。

5 斧頭
避開災難。

6 月輪
放出冷氣抵擋炎熱，可治療熱病。

7 青蓮花
轉生到淨土。

8 三鈷杵
兩端有三叉的法具，可鎮壓佛敵。

9 蒲桃
即葡萄。可以獲得果實和穀物。

10 拂子
原為驅趕蒼蠅用的道具。
用以驅除障礙。

11 箭矢
與左手的弓（24）成對。

12 楊枝
柳樹的樹枝，治療各種疾病。

13 水瓶
水壺，轉生至梵天的世界。

14 數珠
佛會從十方前來伸出援手。

左手

15 寶戟
與右手的錫杖（①）成對。
前端呈三叉狀的武器。

17 日輪
可以獲得光明。

18 宮殿
位於淨土的皇宮。

19 法輪
粉碎煩惱。

20 五色雲
祈求長生不老。

21 寶珠
衣食住無缺。

22 寶螺
法螺貝，宣揚佛法。

23 白蓮花
成就各種功德。

24 弓
與右手的箭矢（⑪）成對。

25 髑髏杖
任意操縱惡鬼。

26 盾
龍面造型的盾，
可以趕走邪惡的野獸。

27 紅蓮花
往生至宮殿（淨土）。

28 羂索
套索，捆住煩惱。

如
菩
明
天

NYOIRIN KANNON

如意輪觀音

手持實現願望的寶珠和法輪

如意輪觀音手裡拿著可以實現任何願望的「如意寶珠」和粉碎煩惱的「法輪」。

佛像分為六隻手和兩隻手兩種型態。一般來說，以六隻手的佛像較為知名。六隻手的佛像呈現坐姿，右膝豎起，將兩隻腳的腳底貼合在一起，稱為「輪王坐」，是如意輪觀音特有的姿勢。此外，其中一隻右手像是支在膝蓋上一樣扶著臉頰，叫做「思惟手」，表現出正在思考救濟方式的模樣。

而兩隻手的佛像，最著名的是奈良中宮寺中相傳為如意輪觀音的佛像，然而，另有一說表示該佛像其實更有可能是彌勒菩薩。

profile

服裝&手持物

上半身纏著条帛，腰部以下圍著裙，肩上披著天衣。

右手拿著如意寶珠，左手的食指向上豎起頂著法輪，其他的手則大多拿著蓮花或數珠。

職責

透過如意寶珠和法輪為人們帶來財富及幸福的觀音。除了在密教寺院被奉為本尊之外，也被認為是拯救女性的佛，擁有眾多的信徒。

因為受到宮中女性們的愛戴，也有許多製作成女性形象的佛像。

供奉寺廟

大阪
觀心寺
如意輪觀音坐像

奈良
奈良國立博物館
如意輪觀音坐像

如意輪觀音
的容貌

如意輪觀音的 POINT!
思惟手
手撐著臉頰，思考該如何拯救世人。
如意輪觀音的 POINT!
法輪
滾動八方、粉碎煩惱的輪子。
如意輪觀音的 POINT!
輪王坐
豎起右腳膝蓋，將兩腳腳掌貼合的奇特坐姿。
蓮花
代表出淤泥而不染的潔淨。
如意輪觀音的 POINT!
如意寶珠
可以實現任何願望的寶珠。
數珠
消除煩惱。

JUNTEI KANNON

准胝觀音

保佑授子的女性守護佛

又名「准胝佛母」，被認為是眾佛之母的觀音菩薩，孕育出許許多多的佛。「准胝」是非常潔淨的意思。從九世紀起，人們正式開始為其製作佛像，被奉為保佑長壽、病癒和懷孕授子的觀音。

在日本大多為一面三目十八臂（一張臉、三個眼睛、十八隻手）的型態。因為手的數量很多，容易和千手觀音（P.64）產生混淆。此時可以從是否有第三眼或十一面做出區別。

京都大報恩寺千本釋迦堂的准胝觀音立像，是六觀音之一，其溫柔的表情和手部動作展現出女性特有的優美。包含被單獨供奉的情況，准胝觀音是非常少見的佛像。

profile

服裝&手持物

上半身纏著条帛，腰部以下則圍著裙，肩上披著天衣。

脇手拿著寶劍、寶塔、數珠和水瓶等物。

職責

被稱為「佛母」，除了授子之外，還能保佑長壽和安產。

是守護六道（人類輪迴的六個世界）的六觀音之一，但部分宗派則是以不空羂索觀音（P.72）取代。另外，也有些宗派會將兩者並列，奉為七觀音。

供奉寺廟

京都
千本釋迦堂大報恩寺
准胝觀音立像

滋賀
黑田觀音寺
准胝觀音立像
（傳千手觀音立像）

准胝觀音的容貌

准胝觀音的POINT!

第三隻眼

不易和千手觀音（P.64）做出區別時，可觀察是否有第三隻眼。不過部分佛像會以白毫（白色的捲毛）呈現。

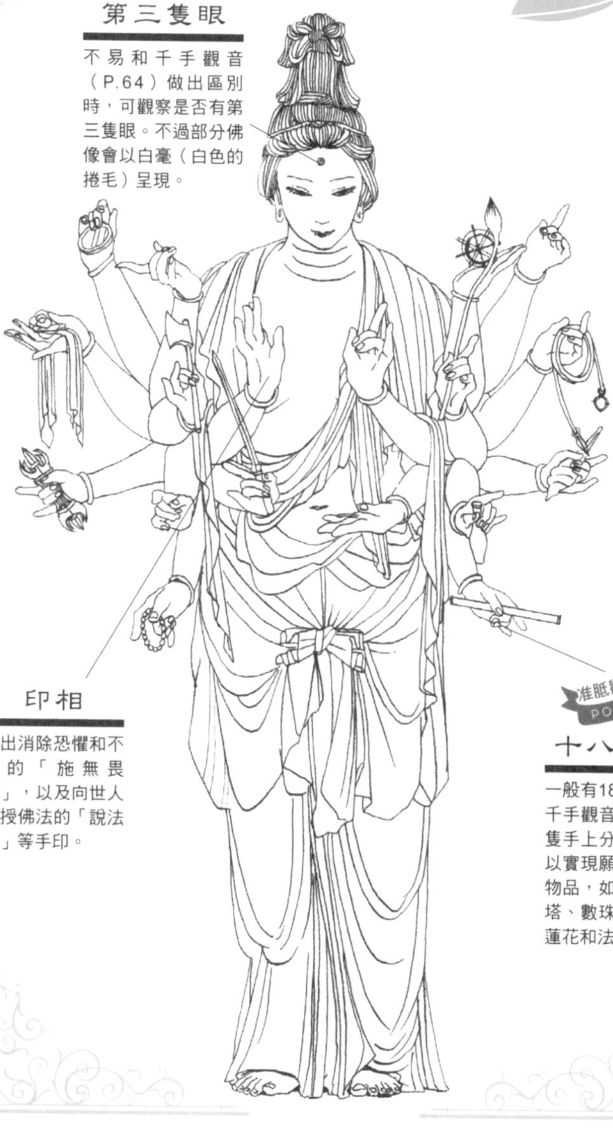

印相

擺出消除恐懼和不安的「施無畏印」，以及向世人傳授佛法的「說法印」等手印。

准胝觀音的POINT!

十八隻手

一般有18隻手。和千手觀音一樣，每隻手上分別拿著可以實現願望的各種物品，如寶劍、寶塔、數珠、水瓶、蓮花和法輪。

FUKUKENSAKU KANNON

不空羂索觀音

用羂索（繩索）拯救眾生

手持「羂索」的觀音菩薩。羂索是指捕捉動物用的網子或套索，而不空是「不落空」的意思。就像只要丟出網子就可以百發百中地捕捉到動物一樣，不空羂索觀音的名字擁有能夠一個也不漏地將所有人救起的涵義。

特徵是一張臉、三隻眼睛和八隻手。一般的型態是前面的兩隻手擺出合掌印，其中一隻右手結「與願印」，其餘的手則拿著羂索等各種物品。

因為手的數量很多，有些佛像的頭上也做成十一面，容易和千手觀音（P.64）產生混淆。這時的分辨重點在於額頭中央是否有一條垂直的線，這條線稱作「第三隻眼」，擁有看穿一切的能力。另外，有些佛像身上披著鹿皮，故又被稱為「鹿皮觀音」。

profile

服裝&手持物

上半身纏著条帛，腰部以下圍著裙，有時肩上披著鹿皮。

左手拿著羂索（套索），中間的手合掌，其他手上拿著拂子、錫杖、寶劍及蓮花等物。

職責

拋出羂索拯救所有遭逢苦難之人。擁有財富和健康等二十種功德及八種利益。

部分宗派將其列為「六觀音」之一，但也有些則是以准胝觀音（P.70）取代。

供奉寺廟

奈良
東大寺法華堂
不空羂索觀音立像

京都
廣隆寺靈寶殿
不空羂索觀音立像

不空羂索觀音的容貌

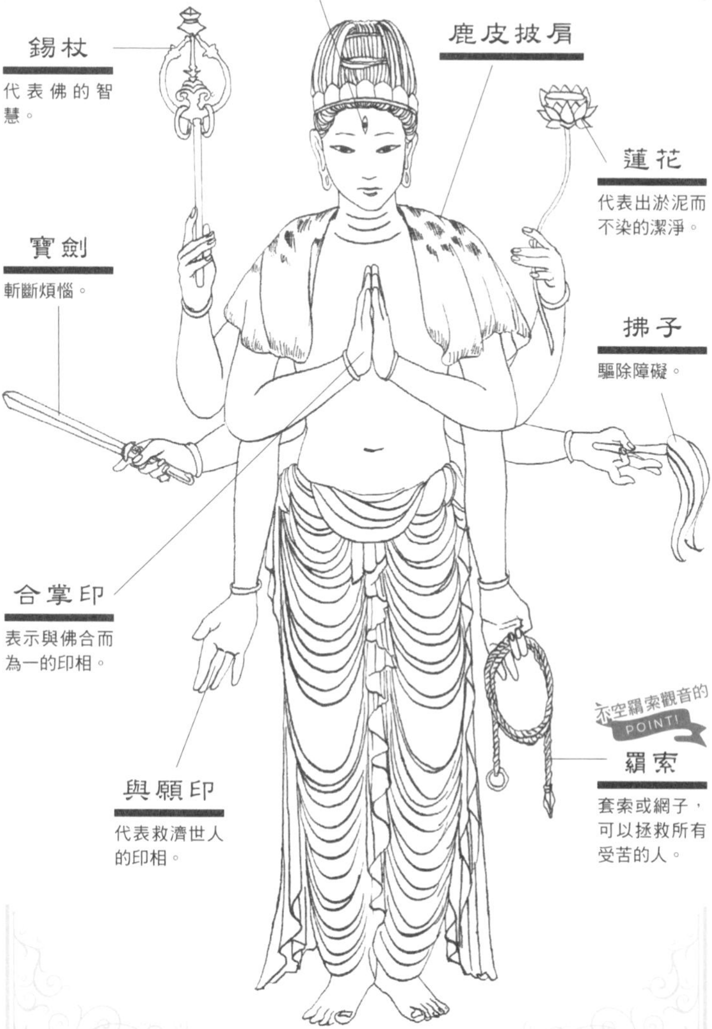
不空羂索觀音的POINT!
第三隻眼
看穿一切的眼睛。
錫杖
代表佛的智慧。
鹿皮披肩
蓮花
代表出淤泥而不染的潔淨。
寶劍
斬斷煩惱。
拂子
驅除障礙。
合掌印
表示與佛合而為一的印相。
不空羂索觀音的POINT!
羂索
套索或網子，可以拯救所有受苦的人。
與願印
代表救濟世人的印相。

BATO KANNON

馬頭觀音

像馬吃草一般啃噬煩惱

上頂著馬頭的觀音菩薩。用忿怒的表情對抗煩惱。

頭

在眾多慈眉善目的菩薩當中，只有馬頭觀音像長著兇惡的臉，稱為忿怒相。而向上豎起的「焰髮」也是馬頭觀音特有的髮型。

將雙手合起、食指和無名指彎曲的「馬口印」，也是馬頭觀音獨有的印相。大多擁有第三隻眼、三張臉和八隻手。

木造的馬頭觀音像數量非常稀少，但放置在戶外的石佛倒是隨處可見。因為馬對旅人或農家來說是不可或缺的存在，常常可以在路邊或農村看到馬頭觀音的石像。至於木造佛像則多見於滋賀縣北部到福井縣一帶，當中最具代表性的福井縣中山寺的馬頭觀音（只在特定節日開放的秘佛）是以坐姿呈現，但一般來說是以立像較為常見。

profile

服裝&手持物

上半身纏著条帛，腰部以下穿著裙，肩上披著天衣。

中間的兩隻手結成「馬口印」，其他雙手則拿著斧頭、寶劍或法輪等物品。

職責

用生氣的表情對抗煩惱，並像馬吃草一般將煩惱啃噬乾淨。此外，也被世人供奉為家畜的守護神。

是守護六道（人類輪迴的六個世界）的「六觀音」之一，拯救落入畜生道的人。

供奉寺廟

福井
中山寺
馬頭觀音菩薩像（秘佛）

京都
淨琉璃寺
馬頭觀音立像

馬頭觀音 的容貌

馬頭觀音的 POINT!

馬頭

頭上戴著馬頭，象徵像馬吃草一樣吃光煩惱。

寶劍

斬斷煩惱。

第三隻眼

可以看穿一切的眼睛。

法輪

粉碎煩惱。

斧頭

避開災難。

馬頭觀音的 POINT!

忿怒相＆焰髮

面目凶狠的「忿怒相」和像火焰燃燒一般豎起的「焰髮」，表示以忿怒對抗煩惱。

馬頭觀音的 POINT!

馬口印

將食指和無名指彎起的特殊印相。

水瓶

裝有實現願望的功德水。

啊！
休息室
妳今天都沒休息，要不要進去一下？
太好了~
然後，佛祖便這麼說道：
「看啊！自己設立的目標圓滿達成了！」
討厭，好帥喔！我們的老闆最棒了~！
嗯？
文殊菩薩
司掌智慧的菩薩（P.84）。
普賢菩薩
出現在各地拯救世人（P.86）。

哇……白色大象和……狛犬？
與其說是狛犬，應該說是獅子比較對喔。
騎著獅子的是文殊菩薩，
騎著大象的是普賢菩薩。
普賢菩薩
脅侍
文殊菩薩
釋迦如來
這兩位就像釋迦如來社長的專屬秘書一樣，稱為脅侍，在寺廟裡應該常看到這樣的組合吧。
這叫做釋迦三尊，釋迦如來和文殊菩薩、普賢菩薩三佛一組的情況比較常見。
三尊形式
如來做為中央的本尊（長官）兩側搭配做為脅侍（下屬）的菩薩。
原來如此。
帝釋天
梵天
釋迦如來
也有這種版本喔！

我們的任務當然就是協助長官的工作。
不過除此之外，還能以站在旁邊的我們來分辨中央的是哪位如來喔。
文殊・普賢組
長官＝釋迦如來
大部分的如來都是電棒燙髮型，衣服也很樸素，很難分辨吧？
釋迦
阿彌陀
藥師
只要看到兩邊是騎著象的我和騎著獅子的文殊，就看出中間是誰了。
其他還有幾個像這樣的搭檔⋯
例如那邊！在那裡睡大頭覺的那位菩薩！
唔嗯⋯

咦？那是昨天見過的日光菩薩※嗎？
不是喔～我拿著月輪，是月光菩薩啦～～！
日光菩薩
平常是像這樣，和日光菩薩一起擔任藥師如來的脅侍喔！
藥師如來
月光菩薩
日光・月光組
長官＝藥師如來
完、完全分不出來……
這一組真的長得像雙胞胎一樣，姿勢也多半是左右對稱的。
日輪
月輪
像剛才月光菩薩說的，如果手裡拿著「日輪」和「月輪」倒就一目了然了～

※參考P.26。

另外，說到搭檔，
你又偷跑了吧!?
刺耳
明明人家也是阿彌陀如來大人的脅侍！
還不是因為觀音你自己那麼受歡迎，事情很多不是嗎～
那位是剛才見過的觀音菩薩嗎？
還有昨天一起工作過的勢至菩薩。
你和祂一起工作了幾個小時？
才不會特別去算呢～
觀音菩薩
多為單獨供奉，有時也會當脅侍（P.56）。
不過，我一整天都在祂的旁邊幫忙唷♡
勢至菩薩
多為阿彌陀如來的脅侍，幾乎不被單獨供奉，總是和如來在一起（P.88）

好、好像在吵架耶？
劍拔弩張
觀音菩薩和勢至菩薩都是阿彌陀如來的脅侍。
觀音菩薩
阿彌陀如來
勢至菩薩
觀音・勢至組
長官＝阿彌陀如來
拿著蓮花的是觀音。因為太喜歡阿彌陀如來，有時頭上還會戴著一尊小型的阿彌陀佛像。
喜、喜歡到戴在頭上!?
勢至菩薩乍看和觀音菩薩很像，但頭上頂著的是裝有智慧之水的水瓶，雙手合十。

話說回來，菩薩們的衣服和首飾都好漂亮喔！
喔！
嗯嗯
因為是仿效社長以前還是印度貴族的樣子，所以裝飾得很華麗呢。
①用裙（像長裙一樣圍在腰上的布）裹住身體
裙
②在裙上做出五個折子
③用石帶綁住裙的上端
石帶
反正機會難得，知子要不要也試穿看看呢？

④把裙從石帶上方拉出
⑤將条帛（纏在上半身細長的布）從左肩繞到右側腹部綁起
条帛
⑥披上天衣（像披肩的布）就完成了！
天衣
寶冠
天衣
瓔珞
臂釧
腕釧
另外再戴上瓔珞（項鍊）、臂釧（臂環）和腕釧（手環）。
想不到來這還能轉換心情呢！
對呀！
很適合妳喔！

如
菩
明
天

MONJU BOSATSU

文殊菩薩

司掌智慧，騎在獅子背上的菩薩

掌管「智慧」的菩薩。據說是在釋迦死後才出生的真實人物，曾進行佛教經典的編纂並將其系統化。

做為釋迦三尊像，與普賢菩薩（P.86）一起擔任釋迦如來（P.22）的脅侍（配置在本尊兩側的佛像）。此外，也經常被單獨供奉。一般坐在獅子背上的蓮華座裡，右手拿著寶劍，左手拿著蓮花或經典。

此外，還有一種稱為「渡海文殊」的型態，描述文殊菩薩橫渡海洋，呈現出文殊菩薩帶著四位眷屬（部下）乘著雲朵前往中國的五台山（佛教聖地）的模樣。四位中，走在最前面的善財童子（P.156），其抬頭仰望文殊菩薩的可愛模樣也非常受到歡迎。另外的三位眷屬分別是佛陀波利三藏、最勝老人和優填王。

profile

服裝&手持物

上半身纏著条帛，腰部以下穿著裙，肩上披著天衣。

大部分的佛像右手拿著象徵智慧的寶劍，左手則拿著蓮花或經典。

職責

象徵「智慧」的菩薩。據佛教經典《維摩經》所述，只有文殊菩薩能和精通佛教的賢者「維摩居士」議論得不相上下。

此外，據說髮髻的數量各有不同涵義，例如綁成一束的一髻代表增益，五髻則代表敬愛。

供奉寺廟

奈良
安倍文殊院
渡海文殊

奈良
西大寺
文殊菩薩騎獅像

文殊菩薩
的容貌

髻
向上紮起的髮型。文殊菩薩頭上不同數量的髮髻有不同的涵義。綁成一束的「一髻」代表「增益」。

文殊菩薩的POINT!
蓮花
代表頓悟。有時蓮花上會擺著象徵智慧的經典。

文殊菩薩的POINT!
寶劍
象徵智慧。

蓮華座

文殊菩薩的POINT!
獅子
被稱為「萬獸之王」的獅子會保護文殊菩薩。另外也有一說是象徵光明磊落的智慧。

半跏踏下坐
將其中一隻腳抬到另一隻腳上的坐姿。

前往聖地的隊伍「渡海文殊」

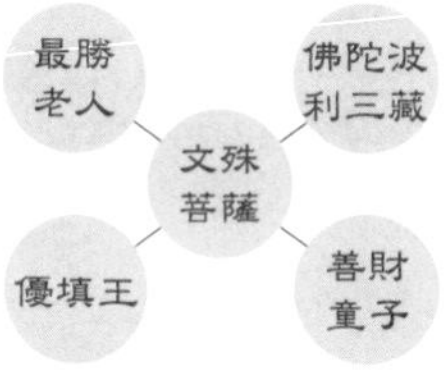

四位隨從圍著文殊菩薩橫越大海的模樣。優填王牽著獅子，善財童子走在最前方，佛陀波利三藏和最勝老人則尾隨在後。

→詳情參照P.239

普賢菩薩

FUGEN BOSATSU

拯救所有世界，
騎著大象的菩薩

「普賢」是指「普汎的賢者」，而「普汎」則是遍及各處的意思。普賢菩薩出現在各種地方，對眾生講述佛法並給予救贖。

和文殊菩薩（P.84）一組，擔任釋迦如來（P.22）的脅侍（配置在本尊兩側的佛像），稱作釋迦三尊像。常見的型態是騎在六根象牙的白色大象背上，身坐蓮華座，採半跏趺坐，雙手合十。鮮少被單獨供奉。

過去佛教曾認為女性無法成佛，但由於普賢菩薩是在《法華經》當中讓女性成佛的佛，受到女信徒的愛戴。平安時代後期，祈求極樂往生的貴族女性命人為其製作佛像，自此開始受到矚目。佛像多呈現女性的柔美樣貌。

profile

服裝&手持物

上半身纏著条帛，腰部以下穿著裙，肩上披著天衣。

多為雙手合掌，不拿物品；但也有佛像手持寶劍、蓮花和寶珠等物。

職責

無時無刻、無所不在，以佛的智慧拯救世人的菩薩。

在密教當中也被認為是可以保佑長壽的佛。

另外，在《法華經》中被敘述為擁有能夠讓女性成佛的能力，自此受到廣大女信徒的歡迎。

供奉寺廟

京都
岩船寺
普賢菩薩騎象像

東京
大倉集古館
普賢菩薩騎象像
（休館至二〇一九年）

普賢菩薩的容貌

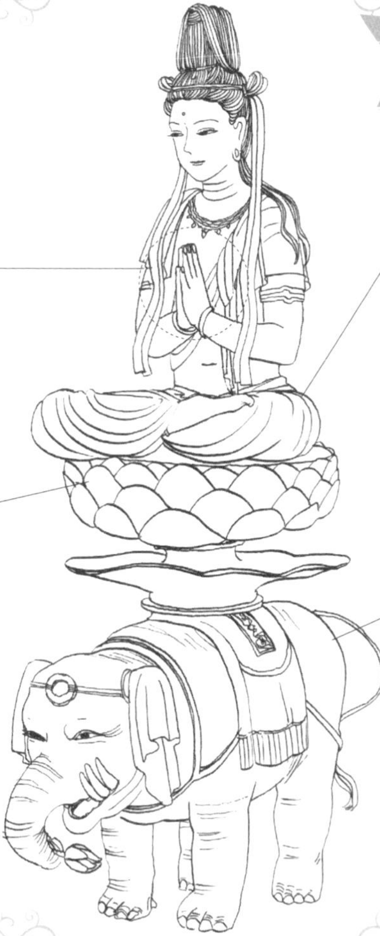

普賢菩薩的 POINT!

合掌印

表示與佛合而為一。手裡大多不拿東西。

結跏趺坐

盤起腿，將雙腳的腳掌放到另一隻腿上。

蓮華座

採結跏趺坐，坐在象背上的蓮華座。

普賢菩薩的 POINT!

長著六根象牙的白色大象

六根象牙分別代表「眼、耳、鼻、舌、身、意」，象徵人的身體和心靈。

與文殊菩薩一起擔任釋迦如來的脅侍

以釋迦如來為中心，並和文殊菩薩同做三尊像；鮮少被單獨祭祀。

→詳情參照P.238

SEISHI BOSATSU

勢至菩薩

阿彌陀如來的脅侍

與觀音菩薩（P.56）一組，擔任阿彌陀如來（P.36）的脅侍（配置在本尊兩側的佛像）。

當人類往生之際，觀音菩薩和勢至菩薩將帶領如來菩薩前往來迎。觀音菩薩手捧蓮花，讓亡者的靈魂乘坐在上頭；而勢至菩薩則是對逝去之人的佛性（人內在的佛心）合掌敬拜。頭上頂著裝有無限智慧的水瓶，並用裡面的智慧拯救世人。相對於此，觀音菩薩的頭上則戴著小型的阿彌陀如來佛像（化佛）。

觀音菩薩以單獨佛像居多，但勢至菩薩則大多和阿彌陀如來供奉在一起，幾乎沒有單獨的佛像。

profile

服裝&手持物

上半身纏著条帛，腰部以下穿著裙，肩上披著天衣。

服裝通常和同為阿彌陀如來脅侍的觀音菩薩沒什麼差別。但頭上戴的飾物不同，觀音菩薩是化佛，勢至菩薩則是水瓶。

職責

在阿彌陀如來迎接亡者的時候，負責在前方引導。也有以勢至菩薩和觀音菩薩為首，共二十五位菩薩乘著樂音及舞蹈前往來迎的情況。

供奉寺廟

兵庫
淨土寺
阿彌陀三尊立像

京都
三千院
阿彌陀三尊坐像

勢至菩薩
的容貌

與觀音菩薩相似的外觀

做為阿彌陀如來的脅侍時，外表和觀音菩薩相似，這時可以從頭上的水瓶和合掌印來區別。

跪坐

做為阿彌陀如來的脅侍時，有時會呈現正座（大和座，雙膝分開、腳尖墊起讓身體前傾的跪坐姿勢），臀部略為抬起。據說是可隨時出發前往迎接的待命姿勢。

勢至菩薩的 POINT!

水瓶

頭冠上頂著水瓶。瓶裡裝著智慧之水，將世人從無知中拯救出來。

勢至菩薩的 POINT!

合掌印

對人類的佛性（佛心）合掌敬拜。

和觀音菩薩一同做為阿彌陀如來的脅侍

以阿彌陀如來為中心，與觀音菩薩一同被奉為三尊像；鮮少被單獨祭祀。

→詳情參照P.237

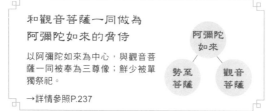

如
菩
明
天

JIZO BOSATSU

地藏菩薩

駐留現世救濟人類

以「地藏王」之名受到世人愛戴的地藏菩薩，和阿彌陀如來（P.36）及觀音菩薩（P.56）同樣非常受歡迎。又被稱為「孩子的守護神」或是「道祖神（守護旅人的神明，被安置在聚落邊界）」，以石佛的形式被供奉在村莊邊境、道路旁或街角等各個地方。因此，雖然容易給人「地藏王＝石造佛像」這種印象，但其實現在還保留了許多木造的地藏菩薩佛像。

地藏菩薩的職責，是從釋迦入滅開始，到彌勒菩薩在五十六億七千萬年後頓悟為止的這段期間，駐留於現世拯救人類。因此，祂打扮成現世僧侶的模樣，剃掉頭髮，身著法衣或袈裟。

profile

服裝&手持物

身穿僧侶的法衣，一般手持錫杖及如意寶珠。

若是被供奉在路邊的六地藏，每一尊手上拿的東西都不同，例如蓮花、香爐或數珠，有時也做合掌狀。

職責

在六道（地獄道、餓鬼道、畜生道、阿修羅道、人道和天道）中巡視，救濟受苦之人。還會拯救比父母早死、在賽河原上手足無措的孩子，以及落入地獄的人們，故世人對地藏菩薩的信仰甚篤。

另外也被視為能夠替人承受病痛、祈求讓疾病痊癒的信仰對象。

供奉寺廟

奈良
福智院
地藏菩薩像

滋賀
永昌寺
地藏菩薩立像

地藏菩薩的容貌

錫杖

前端掛著圓環的僧侶手杖。為僧侶行走各處時拿的物品，象徵可以奔走所有世界拯救人類，包含地獄。有時也會結「與願印」。

地藏菩薩的 POINT!

剃髮

因為打扮成僧侶，頭髮剃成光頭。

白毫

額頭上捲曲的白毛。

如意寶珠

可以實現任何願望的珠子。

地藏菩薩的 POINT!

法衣

因為做僧侶的裝扮，是唯一一種身著法衣的佛像。

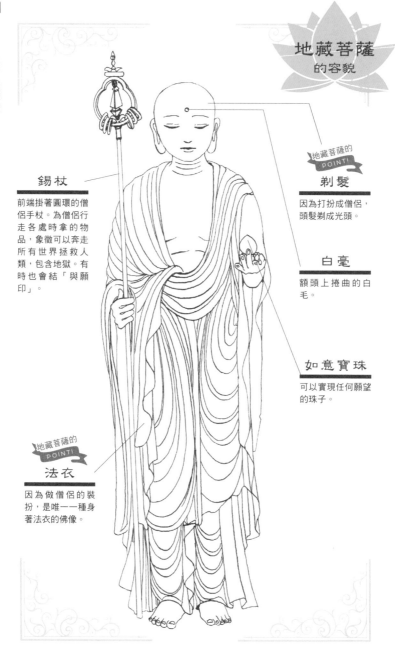

如
菩
明
天

MIROKU BOSATSU

彌勒菩薩

將在五十六億七千萬年後成為如來

註定在釋迦入滅（死亡）的五十六億七千萬年後覺悟成為如來的菩薩，也就是未來的如來。

採坐姿，把右腳放到左腳的大腿上，並將右手的指尖輕靠在臉頰旁，這樣的姿勢稱為「半跏思惟」。這種姿勢常見於飛鳥時代的彌勒菩薩等佛像，帶著神祕微笑、陷入冥想中的模樣讓人印象深刻。這個姿勢昔日流行於朝鮮半島，後來才傳入日本。隨著時代演進，也出現了採取不同坐姿、站立或手持寶塔的佛像。

此外，有些佛像則呈現未來的「如來」樣貌，這時便不叫菩薩，而是被稱為「彌勒如來」，例如興福寺北円堂所供奉的彌勒如來像。

profile

服裝&手持物

腰部以下穿著裙。

早期的佛像多半不拿東西，而是以手指輕觸臉頰、呈現思考的模樣。平安時代以後，則是以拿著水瓶、寶塔或蓮花等物的佛像居多。

職責

在六道中屬於在天道「兜率天」內修行的佛。為了救濟現世之人，註定會在五十六億七千萬年後成為如來的未來佛。而在他成為如來之前，由地藏菩薩（P.90）留在現世拯救人類。

供奉寺廟

京都
廣隆寺
彌勒菩薩半跏像

京都
醍醐寺
彌勒菩薩坐像

彌勒菩薩的容貌

思惟手
右手的指尖輕靠在臉頰旁，表示思考的姿勢。

寶冠
頭戴寶冠。

裙
圍在腰上像長裙一樣的布，又稱作「裳」。

半跏踏下坐
將一隻腳抬到另一隻腳上的坐姿。奈良時代以前的彌勒佛像都是這種姿勢。

裳掛座
台座造型表現出身上穿的裙（裳）垂墜的模樣。

到奈良時代為止，都是以半跏思惟的姿勢和神祕的微笑為主流

雖然平安時代以後也出現了其他坐像和立像，不過在奈良時代，以這種坐姿的佛像居多。另外，臉上常掛著被稱為「古風式微笑」（archaic smile）的神祕笑容，嘴角略帶笑意的表情，也是奈良時代佛像的特徵。

在釋迦入滅（死亡）後，人類的世界便失去了如來，稱為「無佛時代」。而在這個時代之後，即五十六億七千萬年後註定覺悟成為如來的，便是彌勒菩薩。

在彌勒菩薩頓悟為止，現世沒有如來。因此，地藏菩薩便負責在這段期間拯救人類。地藏菩薩在六道（參考P.58）間穿梭，拯救迷途之人。因為駐留於現世，通常打扮成人類僧侶的樣子。

在彌勒菩薩成為如來之前
持續拯救世人的地藏菩薩

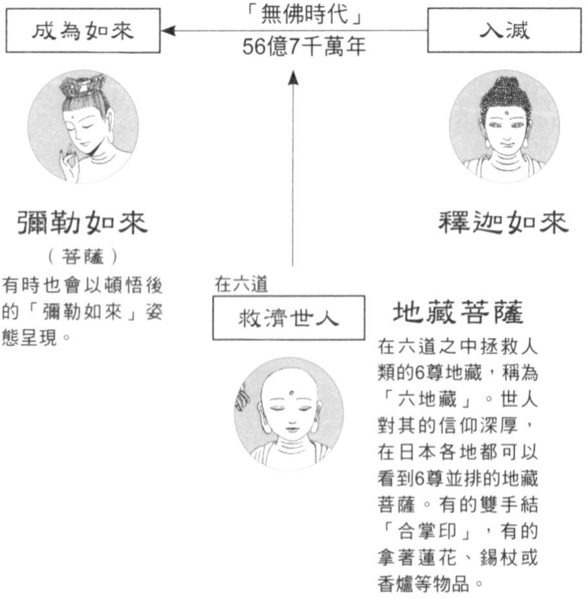
成為如來
「無佛時代」
56億7千萬年
入滅
彌勒如來
（菩薩）
有時也會以頓悟後的「彌勒如來」姿態呈現。
釋迦如來
在六道
救濟世人
地藏菩薩
在六道之中拯救人類的6尊地藏，稱為「六地藏」。世人對其的信仰深厚，在日本各地都可以看到6尊並排的地藏菩薩。有的雙手結「合掌印」，有的拿著蓮花、錫杖或香爐等物品。

大家好！我是地藏菩薩。
出現在路邊…
我的特徵是像和尚一樣的外表還有錫杖！
在日本被叫做「地藏王」，算是小有名氣啦。
我的目標是「拯救一切眾生（人類）」，所以不分晝夜地奔走！
可能是因為都在跑外勤，不常出現在公司，
桌上只有救民清單堆得像座小山…嗯？您問那是哪尊佛？
地藏
祂是一直在思考該怎麼做才能救濟眾生的彌勒菩薩！這姿勢叫做半跏思惟※。
咦？您說祂是不是睡著了？不會吧～再怎麼樣也不至於睡著吧……！沒有睡啦我覺得，嗯。
彌勒菩薩
註定在56億7千萬年後頓悟成為如來的菩薩（P.92）。

※將一隻腳放到另一隻腳的膝蓋上，手指輕靠在臉頰旁思考的模樣。

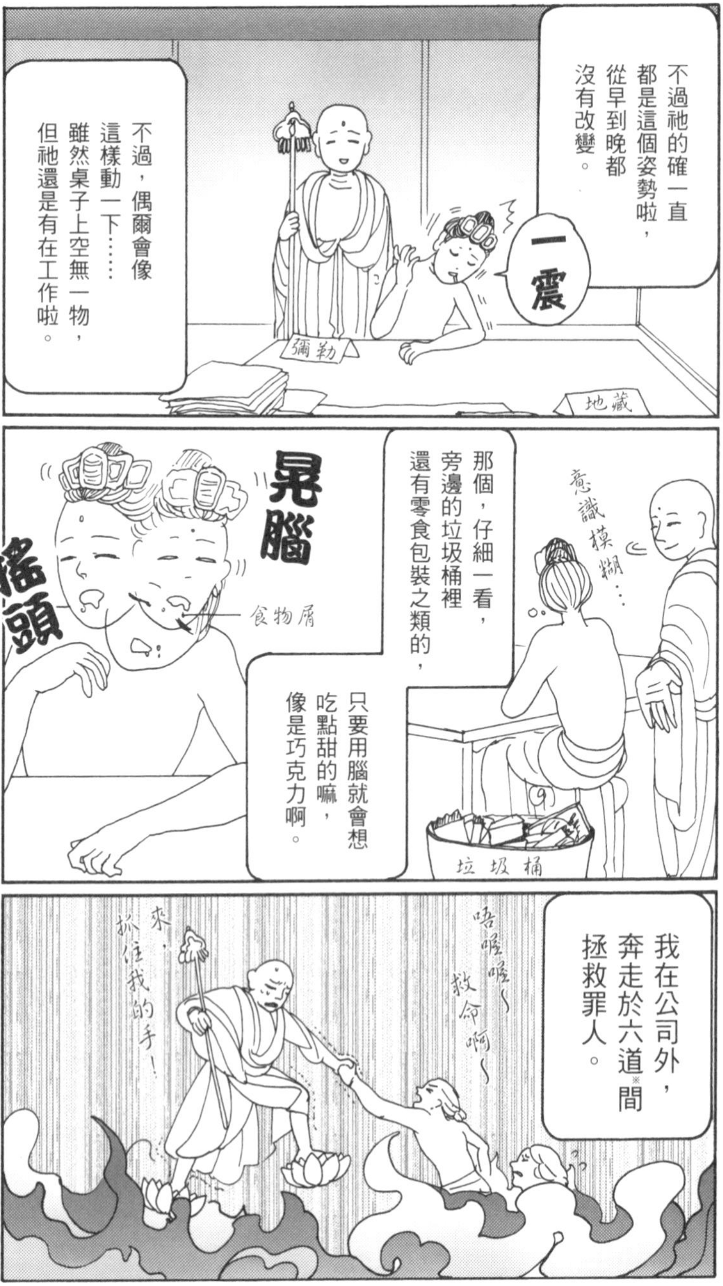
不過祂的確一直都是這個姿勢啦，從早到晚都沒有改變。
一震
不過，偶爾會像這樣動一下……雖然桌子上空無一物，但祂還是有在工作啦。
彌勒
地藏
那個，仔細一看，旁邊的垃圾桶裡還有零食包裝之類的，
晃腦
搖頭
食物屑
意識模糊…
只要用腦就會想吃點甜的嘛，像是巧克力啊。
垃圾桶
我在公司外，奔走於六道※間拯救罪人。
唔喔喔～救命啊～
來，抓住我的手！

※尚無法極樂往生之人不斷輪迴轉生的六個世界（P.58）。

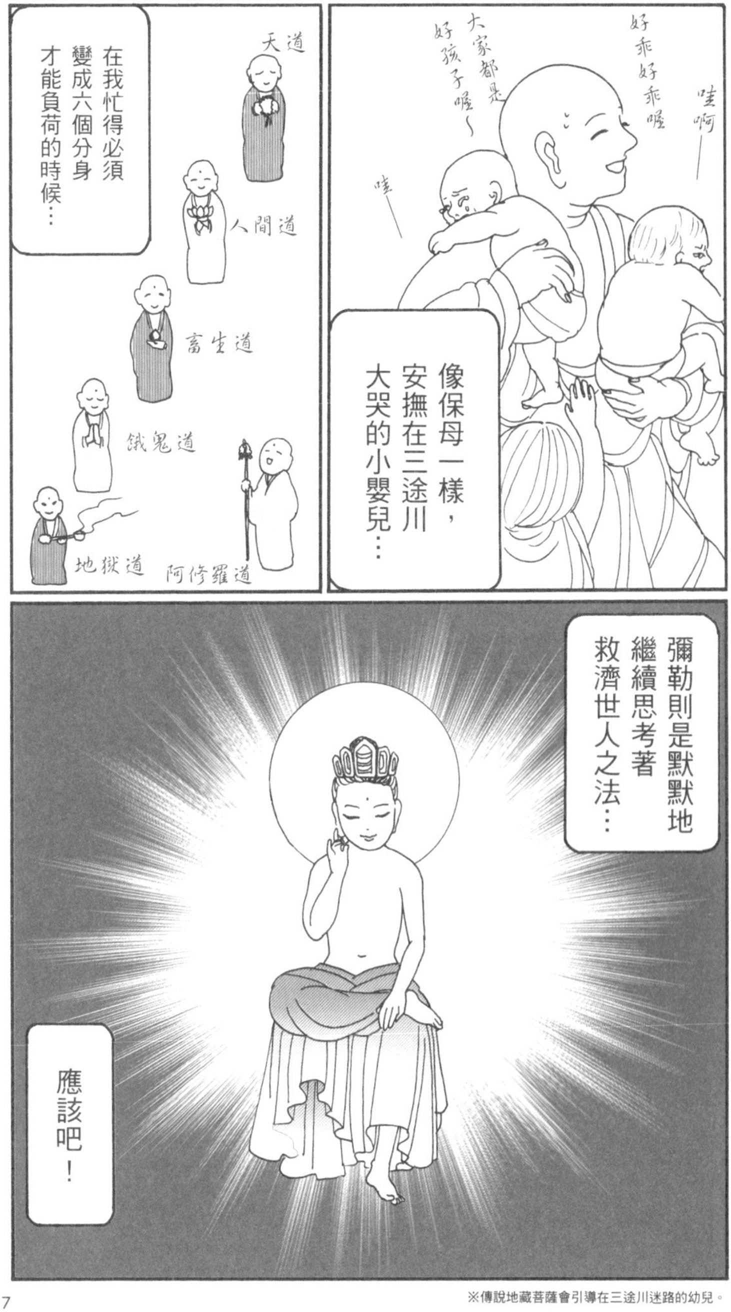
好乖好乖喔
大家都是好孩子喔～
哇啊
哇
像保母一樣，安撫在三途川大哭的小嬰兒…
在我忙得必須變成六個分身才能負荷的時候…
天道
人間道
畜生道
餓鬼道
阿修羅道
地獄道
彌勒則是默默地繼續思考著救濟世人之法…
應該吧！

※傳說地藏菩薩會引導在三途川迷路的幼兒。

可以看到佛像的地方

2

京都

美麗的佛像傑作比比皆是

以平安時代為中心，京都保留了許多歷史久遠的佛像。京都最重要的四間寺廟，分別是廣隆寺、東寺、平等院鳳凰堂和三十三間堂。按照時代順序參觀也是一種樂趣（參考P.252）。廣隆寺據說是京都最古老的寺廟，裡面供奉的彌勒菩薩呈現優雅的半跏思惟姿勢（將一隻腳盤起放到另一隻腳上，手支著臉頰思考的樣子）。而東寺講堂裡，表現出密教世界觀的宏偉「立體曼荼羅」也不容錯過。

不過，京都的魅力就在於，不是只有大規模的著名寺院的佛像才有看頭。例如，六波羅蜜寺的空也像，將「南無阿彌陀佛」六個字以佛像呈現；或是即成院裡，阿彌陀如來和二十五位菩薩來迎的壯麗景象盡收眼底。在許多間寺廟裡，都能夠見到美麗的佛像。

知名的寺廟&佛像

+ 廣隆寺「彌勒菩薩半跏像」「十二神將立像」
+ 東寺（教王護國寺）「立體曼荼羅」
+ 蓮華王院三十三間堂「千體千手觀音立像」「二十八部眾像」
+ 平等院鳳凰堂「阿彌陀如來坐像」「雲中供養菩薩像」
+ 醍醐寺「藥師如來及兩脇侍像」「彌勒菩薩坐像」
+ 六波羅蜜寺「空也上人立像」「地藏菩薩立像」

第三章

明王

【MYOOH】

用忿怒的表情降伏敵人。

喜歡說教的組長階級。

用忿怒的表情指引世人

明王

MYOOH

何謂明王

負責叱喝敵視佛界之人並教化他們的，正是明王。所以明王臉帶怒氣沖沖的「忿怒相」。髮型方面，除了垂著三股辮（辮髮）的「不動明王」（P.112），其他明王大多頂著怒髮衝冠的「焰髮」。

不過，明王其實是微胖的小孩體型，仔細看便可以注意到肉肉的手臂和圓滾滾的肚子。

其他還有像是「愛染明王」（P.120）、「烏樞沙摩明王」（P.200）和「孔雀明王」（P.201）等各式各樣的明王。

服裝

細長的条帛像是披肩彩帶一樣綁在身上，下半身則是穿著像圍裹裙一樣的裙，和菩薩一樣戴著寶冠或瓔珞（項鍊）。「五大明王」（P.114）有時穿著虎皮裙，象徵如老虎一般勇猛。

手持物・印相

每個明王手上拿的東西都不盡相同。不動明王大多兩手持寶劍及羂索；愛染明王必持弓箭；五大明王的手上則拿著各種武器，其中，降三世明王、軍荼利明王和大威德明王均各自有其專屬的印相。

火焰光背

光背是熊熊燃燒的火焰。不動明王的火焰光背有時會做成鳥頭形狀，稱為「迦樓羅焰」。

辮髮或焰髮

不動明王的髮型是總髮（後梳的直髮），辮髮（三股辮）垂在左側。而其他明王多是像燃燒的火焰一般向上豎起的焰髮。

忿怒相

臉上掛著充滿怒氣的表情，訓斥並教化不遵從佛之教誨者。

条帛

掛在肩上的布。

手持物

大多拿著各式各樣的武器。

裙

圍在腰上，像長裙一樣的布。

瑟瑟座

不動明王特有的台座。其他明王則坐在蓮華座或水牛背上，或腳踩被降伏的神。

怎麼了？臉色這麼難看……
請問，今天要去的是……
今天要去明王的樓層喔！
如來和菩薩都一臉慈祥吧？明王則負責訓斥那些因為仁慈就怠惰了的人，
相當於公司裡負責罵人的組長。
果然會很可怕嗎……
忐忑不安
讓人想起前公司的主管，好討厭喔……
易怒的大叔
我教妳一招！妳把頭髮綁成辮子吧。
咦？這樣嗎？
烈火
就在那邊。
辦、辦公室是不是著火了？

悄悄地…
那位就是不動明王大人。
不動明王
負責教訓不遵從佛之教誨者。用背上的火焰將煩惱燃燒殆盡（P.112）。
這種煩惱馬上給我丟掉！太天真了！
喝！
哈！
祂在把煩惱切開…
手腳俐落
接著將那些煩惱燒掉…

※指套索。不動明王通常拿在手上。

※右眼看向天，左眼看向地的「天地眼」，以及右邊牙齒向上、左邊牙齒向下露出來的「牙上下出」，表示可以看見世上一切事物。自平安時代以後普及開來。

不動明王大人會把煩惱燒個精光，以淨化人的願望。
對！就用這個火！
烈火
順帶一提，羂索是用來把人從煩惱救出來的。
啊，這樣啊……
那麼，馬上開工吧。幫我從這個清單裡把煩惱比較多的人挑出來。
尤其是如來和菩薩處理不來、煩惱太多的。
還有，「不動尊」就是在說我，別漏看了。對了，我偏好藍色，妳就用藍色標記吧！
就是我身體的顏色！
是、好的……
人不可貌相，要求超～多的～
不過還真看不出來，原來是這麼細心又親切的人……
不對，是親切的佛。

我看看……
快步走過
嗯？
不動尊大人～請問這些要放哪裡～？
矜羯羅童子
不動明王的部下，認真穩重的少年（P.157）。
咦？小孩子？
喔！辛苦啦！幫我放到那邊桌上。
好～
矜羯羅是不動明王的脅侍※喔
咦？這樣啊？
脅侍的話，不就還有另一位…
我回來了——!!
啊，另一位回來了。

※在本尊兩側給予協助的佛。

跑腿的工作結束了~！
欸，髒死了！紙也被你捏得皺巴巴的！
但是很快吧！
制多迦童子
不動明王的部下，調皮活潑的少年（P.157）。
兩位都是小孩子吧？
他們個性完全不同，很有趣吧。感情卻很好呢！
小聲
而且，妳仔細看不動明王大人，
祂的體型其實也像個孩子喔。
豐滿圓潤
皮膚光滑
這麼一說…！長得這麼可怕，我原本以為都是肌肉，一看才發現胖胖的！

怎麼辦，突然覺得有點可愛。
嗯～總覺得知子妳啊，
個性好像很陰沉，不太受男生歡迎？
打～擊～
喂喂！
遮住
的、的確……我從大學時代就沒有男朋友。
猜中了～！
你啊！
啊、那我介紹愛染明王給妳吧！
我回來了～
妳看，來得正好。

探出
叫我嗎？？
呀!!
叫什麼呀！沒禮貌！
愛染明王
可以淨化與愛情有關的煩惱。特徵是紅色的身體（P.120）。
對、對不起！因為冒出一個紅色的人，啊，應該說紅色的佛。
和不動明王的藍色皮膚相比，愛染明王的紅皮膚很顯眼吧。
三隻眼加上六隻手、頭上頂著獅子、手拿弓箭……很讓人印象深刻吧！
最近因為弓箭的關係，被說跟邱比特很像，特別受為愛煩惱的人歡迎喔！

拜此所賜快忙死我了！不過，我也會幫知子祈禱，讓你遇到好對象的！
非常感謝您！
喀…
我剛剛太過份了，對不起喔！
雖然陰沉但是個美人！
謝、謝謝…
好可愛…
明王們看起來雖然可怕，其實都很溫柔喔！
對啊，真的耶！
要是能和前主管聊聊的話，說不定會發現他其實人很好嗎…
前輩，謝謝您告訴我要綁辮子。

如
菩
明
天

FUDO MYOOH

不動明王

大日如來的化身

不動明王被認為是密教當中的絕對存在——大日如來（P.40）的化身，是明王之中最重要的一位。為了展現教訓不從佛教教義者的強烈決心，臉上掛著一副忿怒的表情。

將垂下來的頭髮綁成辮子、收在側邊的辮髮，以及右手持劍、左手持羂索（套繩）的模樣，都是不動明王身上獨有的特徵。有時頭上還會戴著蓮花。不過，隨著時代演變，髮型變成捲髮，表情也出現了變化。

另外，不動明王的眷屬（部下）是被稱為八大童子的八位少年。其中又以不動明王為本尊，搭配矜羯羅童子和制多迦童子（P.157）的三尊像居多。

profile

服裝&手持物

身上披著細長的布製成的条帛，腰上穿著像圍裹裙的裙。有時和菩薩一樣，配戴寶冠和瓔珞（項鍊）。

右手持劍，劍尖朝上豎起；左手則拿著羂索。

職責

被認為是大日如來的化身。負責用強硬的手段教化不遵從如來教誨的人。以佛的智慧斬斷迷惘和充滿邪念的煩惱，淨化人的願望。

供奉寺廟

京都
東寺（教王護國寺）講堂
立體曼荼羅

靜岡
願成就院
不動明王及二童子立像

不動明王的容貌

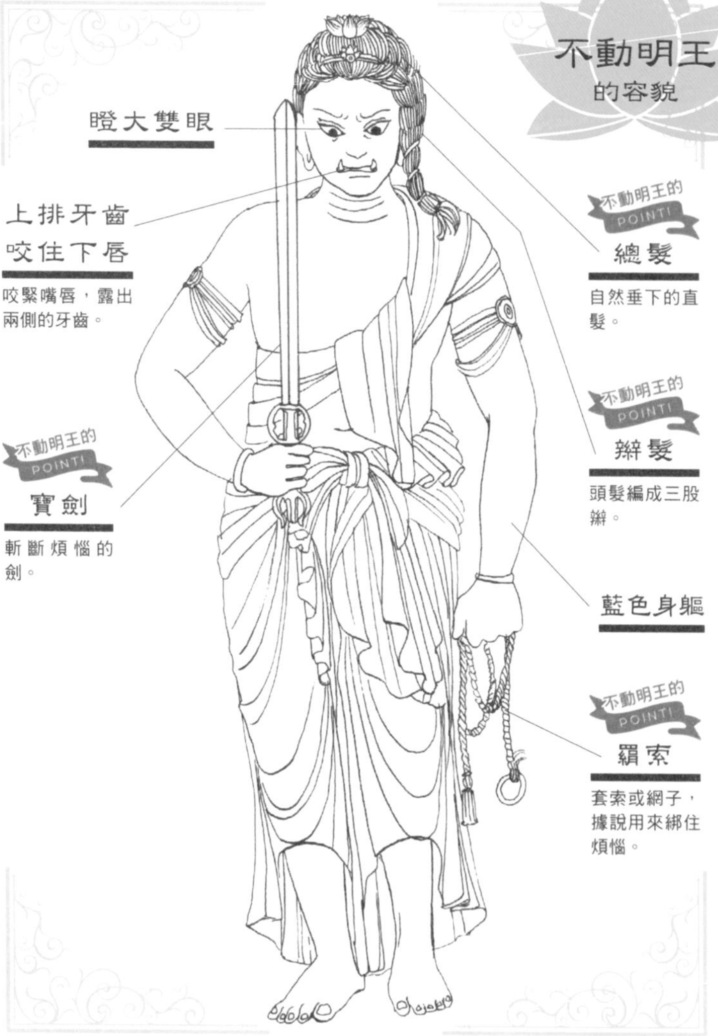
瞪大雙眼
上排牙齒咬住下唇
咬緊嘴唇，露出兩側的牙齒。
不動明王的POINT!
寶劍
斬斷煩惱的劍。
不動明王的POINT!
總髮
自然垂下的直髮。
不動明王的POINT!
辮髮
頭髮編成三股辮。
藍色身軀
不動明王的POINT!
羂索
套索或網子，據說用來綁住煩惱。

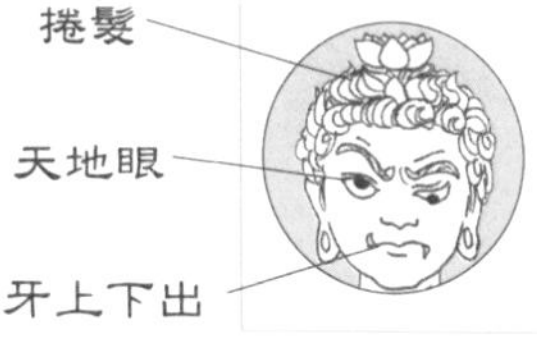
捲髮
天地眼
牙上下出

也有不同造型的眼睛、嘴巴和頭髮

平安時代以後，不動明王的表情出現變化。捲髮，右眼看天、左眼看地的天地眼，以及右牙向上、左牙向下露出的牙上下出等特徵開始普及，象徵可以看見全世界。

如來的化身「五大明王」

以大日如來為中心的「五智如來」的化身

所謂的「五大明王」，是以不動明王（P.112）為中心共五尊明王排列而成的形式。據說，這種形式呈現的是以大日如來（P.40）為中心的「五智如來」忿怒的形象。而其中位於中心的不動明王，便是密教中被認為是宇宙真理的大日如來的化身。其他四尊明王也各自代表不同的如來。

在密教裡有兩個世界，分別是代表大日如來智慧的「金剛界」，以及代表慈悲的「胎藏界」。五智如來是存在於金剛界的如來，以大日如來為中心，不空成就如來、阿閦如來、阿彌陀如來和寶生如來伴其四方；且大日如來的五個智慧分別對應不同的如來。

能夠見到五智如來的寺廟非常少，但是在京都．東寺（教王護國寺）的立體曼荼羅中，可以一次看到五大明王和五智如來。

五大明王與五智如來的對應關係圖

以身為大日如來化身的不動明王為中心，在其東西南北布署各明王，象徵大日如來擴及全宇宙的力量。

五大明王

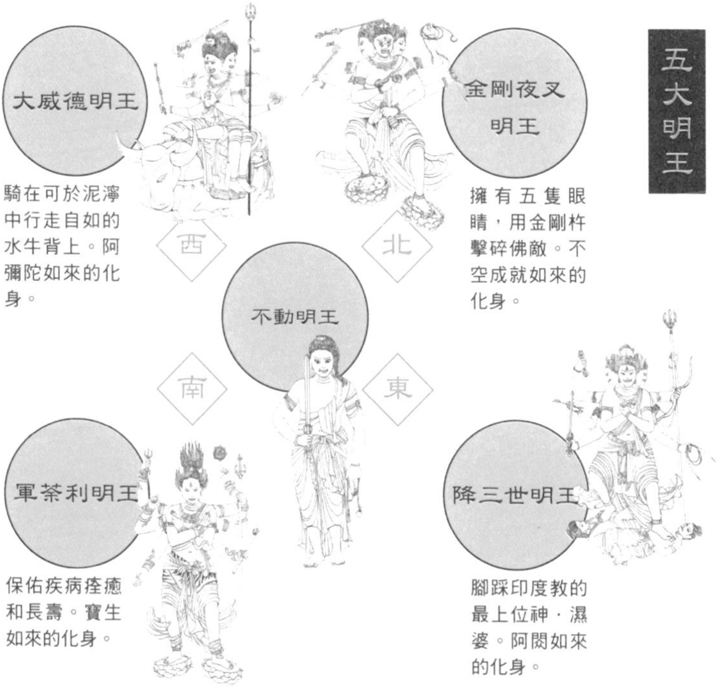

大威德明王：騎在可於泥濘中行走自如的水牛背上。阿彌陀如來的化身。

金剛夜叉明王：擁有五隻眼睛，用金剛杵擊碎佛敵。不空成就如來的化身。

軍荼利明王：保佑疾病痊癒和長壽。寶生如來的化身。

降三世明王：腳踩印度教的最上位神．濕婆。阿閦如來的化身。

五智如來

由於明王是如來的化身，一般認為在其充滿忿怒的表情背後，有著如來的慈悲。（配置方位參考金剛界曼荼羅）

如 菩 明 天

GOZANZE MYOOH

降三世明王

征服三個世界的明王

焰髮
因忿怒而向上豎起、像火焰燃燒般的髮型。
第三隻眼
看穿一切。
降三世明王的 POINT!
降三世印
降三世明王特有的印相。雙手交叉，勾著兩邊的小指並豎起食指。
金剛杵
弓
箭矢
寶戟
寶劍
羂索
烏摩妃
右腳踩在大自在天之妻・烏摩妃身上。
降三世明王的 POINT!
大自在天
降伏印度教的最上位神「濕婆」，並將其踩在腳下。
三面八臂
擁有三或四張臉及八隻手。

→關於五大明王，詳情請參照P.114。

五大明王

如 菩 明 天

GUNDARI MYOOH

軍荼利明王

治病和保佑長壽的明王

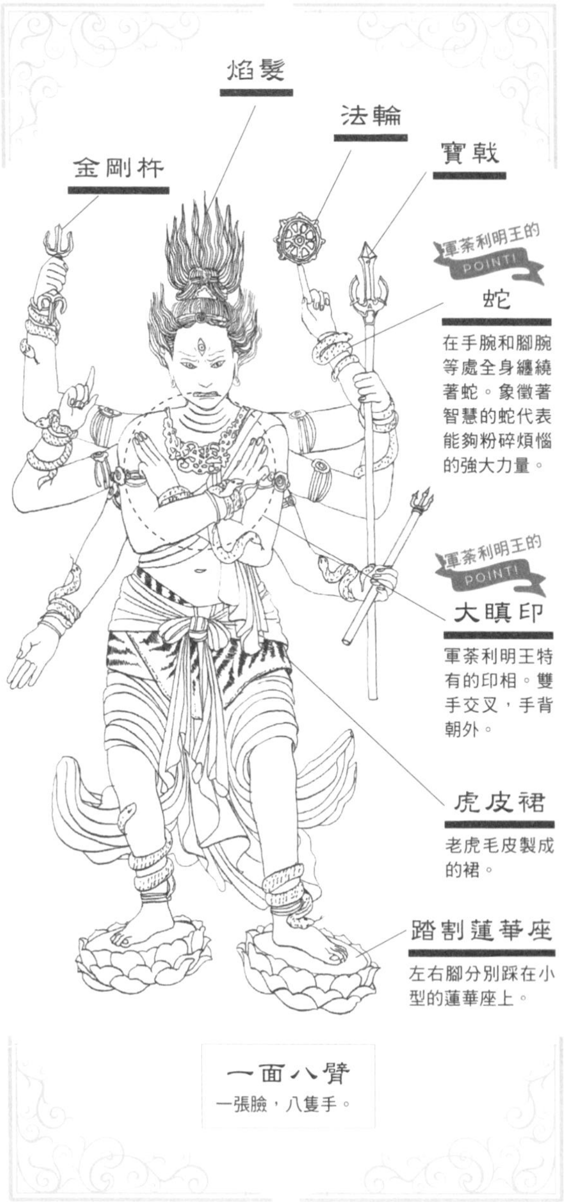
焰髮
法輪
寶戟
金剛杵
軍荼利明王的 POINT!
蛇
在手腕和腳腕等處全身纏繞著蛇。象徵著智慧的蛇代表能夠粉碎煩惱的強大力量。
軍荼利明王的 POINT!
大瞋印
軍荼利明王特有的印相。雙手交叉，手背朝外。
虎皮裙
老虎毛皮製成的裙。
踏割蓮華座
左右腳分別踩在小型的蓮華座上。
一面八臂
一張臉，八隻手。

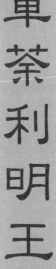

大威德明王

穿梭世界各地降伏邪惡

大威德明王的 POINT!

檀陀印

大威德明王特有的印相。雙手交握，僅豎起兩隻中指。

六面六臂六足

總共六張臉：正面一張、左右兩張，三張臉的上方再各一張。還有六隻手和六隻腳。

大威德明王的 POINT!

水牛

代表能在世界上來去自如，像自由行走於泥濘或陸地上的水牛一樣。

如
菩
明
天

KONGOYASHA MYOOH

五大明王

金剛夜叉明王

用五隻眼睛監視一切

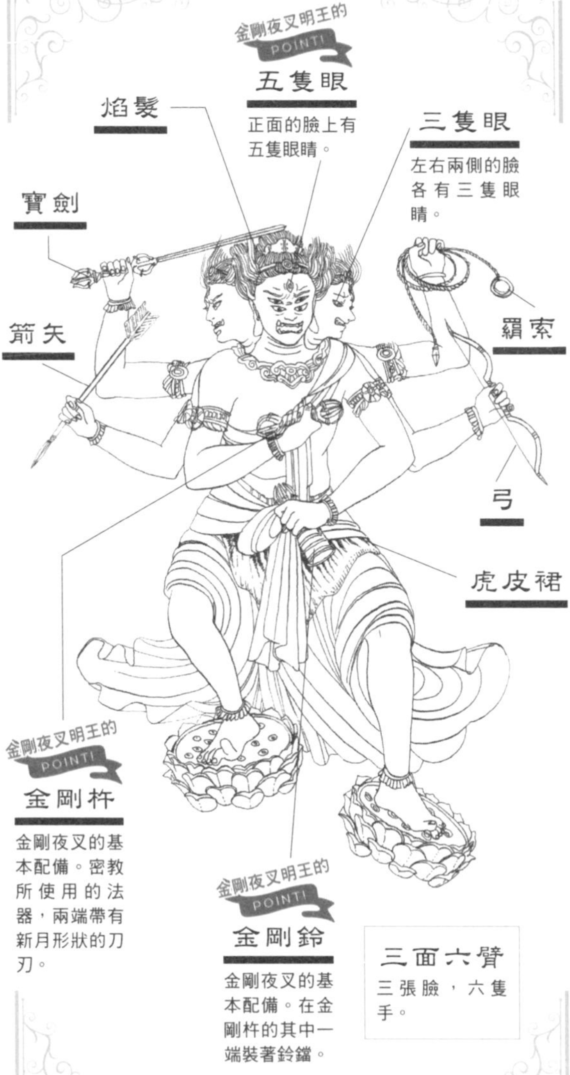
金剛夜叉明王的 POINT!
五隻眼
正面的臉上有五隻眼睛。
焰髮
三隻眼
左右兩側的臉各有三隻眼睛。
寶劍
箭矢
羂索
弓
虎皮裙
金剛夜叉明王的 POINT!
金剛杵
金剛夜叉的基本配備。密教所使用的法器，兩端帶有新月形狀的刀刃。
金剛夜叉明王的 POINT!
金剛鈴
金剛夜叉的基本配備。在金剛杵的其中一端裝著鈴鐺。

三面六臂
三張臉，六隻手。

如
菩
明
天

AIZEN MYOOH

愛染明王

淨化愛欲的明王

愛染明王司掌愛與情欲，可以說是唯一一位承認「愛欲（人類渴求愛情的心）為人性自然本能」的佛。祂能夠將人類最難割捨的煩惱——愛欲，昇華成追求頓悟的心靈能量。

由於是愛的象徵，身軀呈現大紅色。髮型為焰髮。六隻手上分別拿著不同東西，其中，弓和箭矢是愛染明王的必備物品。頭上戴著象徵勇猛的獅子寶冠。另外，乘坐在盛開於寶瓶中的蓮華座上，是愛染明王獨有的造型。

手持弓箭的模樣被說像是愛神邱比特，近年來被奉為能夠實現戀情的佛，非常受到大眾歡迎。據說也會保佑授子以及安產。

profile

服裝&手持物

身上掛著細長的条帛，下半身穿著像圍裹裙的裙，戴著寶冠和瓔珞，頭頂象徵勇猛的獅頭寶冠。

左右兩側的手必持弓箭。其他隻手一般拿著金剛杵、金剛鈴或蓮花等物。

職責

據說可以淨化人類煩惱之一的愛欲，將其昇華為尋求頓悟的心。

因為弓箭的關係，被比喻為東方邱比特，人們便將其視為實現戀情的佛。也會保佑授子和安產。

供奉寺廟

奈良
奈良國立博物館
愛染明王坐像

東京
五島美術館
愛染明王坐像

愛染明王的容貌

焰髮
因怒氣而倒豎的頭髮。

愛染明王的POINT!

獅子冠
象徵勇猛的獅子造型寶冠。

握拳
其中一隻手大多握緊拳頭，不拿任何物品。

箭矢

第三隻眼
看穿一切。

金剛杵
密教所使用的法器，兩端帶有新月形狀的刀刃。

紅色身軀

愛染明王的POINT!

弓
左手持弓，右手持箭矢。用以射穿蠱惑世人之物。

金剛鈴
在金剛杵的其中一端裝有鈴鐺的法器。

寶瓶
蓮華座的下方有寶瓶，看起來像是從寶瓶中一躍而出的獨特造型。

另外也有對天引弦的姿勢
還有一種把箭搭在弓上，作勢要射向天際的模樣，稱為「天弓愛染明王」。這種與邱比特相似的姿勢廣受好評。

可以看到佛像的地方

3

鎌倉（神奈川）

精美的寫實佛像

雖然沒有奈良或京都那般知名，不過，鎌倉也有許多值得一看的寺廟。其中又以鎌倉～室町時代為中心所建造的精美佛像為必看重點。

所謂的鎌倉大佛，是指高德院的阿彌陀如來坐像，也是鎌倉唯一一尊的國寶佛像。另外，覺園寺也是一個隱藏版的佛像寶庫，可以看到以本尊藥師如來為中心，橫跨鎌倉到室町時代的眾多佛像。參加寺院導覽，還能聽見院方詳盡的解說。而東慶寺裡姿勢自在放鬆的水月觀音，也吸引了許多信眾前往（需事前預約）。

除此之外，還有許多寺廟將佛像委託給鎌倉國寶館保存，如果想要一次參觀很多佛像的話，不妨到那邊走走。不過，由於會更換展示品，請先確認後再前往參觀。

知名的佛像

- 高德院「阿彌陀如來坐像（鎌倉大佛）」
- 長谷寺「十一面觀音菩薩像」
- 覺園寺「藥師三尊像」
- 東慶寺「水月觀音菩薩半跏像」
- 鎌倉國寶館「弁才天坐像（鶴岡八幡宮委託存放）」等諸多佛像
- 江島神社（江之島）「妙音弁才天」「八臂弁才天」

第四章

天部

【TENBU】

融入佛教的印度神祇。

身為轉職組而難以晉升的一般員工。

原本是印度的神明

天部

TENBU

何謂天部

「天」這個字，在印度梵語裡是「神」的意思。天部原是自古存在於印度的神明，在改變信仰加入佛教世界後，成為佛教的守護神。

其中大部分原本都是偉大的神明，但由於來自其他宗教，在佛教的世界位居如來、菩薩及明王之下。

每位天部的外型都別具特色，還有男女之別。大致可分為表情柔和的貴人（貴族），身著盔甲、表情忿怒的武神，以及有著動物長相的獸神。

服裝

男神的衣著大多為中國貴族的禮服，也有些身著天衣（像披肩的布）和条帛（細長的布），下半身圍著裙（像長裙的布）；女神的話以中國貴婦風格的服飾居多；武神則身披鎧甲，全副武裝。

手持物・印相

手持物的種類繁多。被奉為守護神的武神，手裡拿著對抗佛敵用的劍、戟等各式武器。此外，也依功德力量各有不同對應的物品。例如能夠帶來繁榮的「吉祥天」，手裡拿著能夠實現願望的如意寶珠；音樂之神「弁才天」則抱著琵琶。

＼花容月貌／

女神系

吉祥天

身著雍容華貴的中國貴婦風格服飾。還會佩戴項鍊、手環等各類飾品。

＼震古鑠今／

男神系

梵天

表情沉穩，大多穿著中國貴族的禮服。密教的天部則穿著印度風的服裝。

＼趣味横生／

動物系

迦樓羅

擁有鳥獸的頭及人類的身體，獸人模樣的神明。和武神一樣穿著征戰用的甲冑。

＼英姿煥發／

武神系

多聞天（毘沙門天）

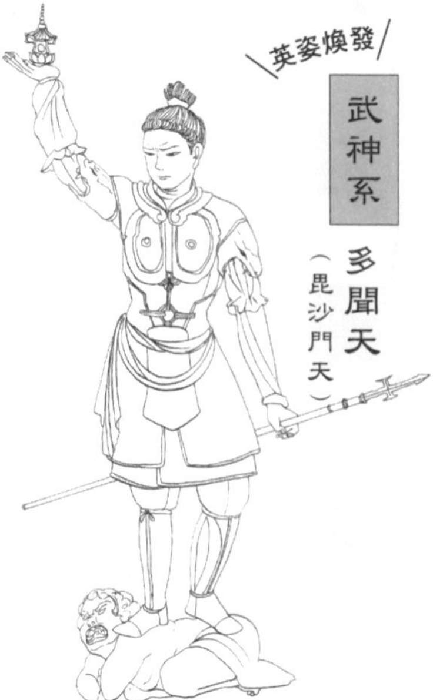

身披甲冑，表情忿怒。例如四天王及十二神將，負責保護如來和菩薩。

如菩明天
叮咚！
請問今天的工作是什麼呢？
今天是…
天部樓層的迎新會！
歡迎妳～!!
哇啊！
天部的成員原本是印度教等宗教的偉大神明。
來，這杯給妳
也就是公司裡的轉職組啦！
的、的確，和其他樓層的氣氛不太一樣呢…

總之我們先…
乾杯～～！！
鏗啷──！！
唉…這麼快就開始了…
真是精力旺盛耶。
你到底是怎樣……想頂撞天部地位最高的我嗎？說好的改過自新呢？
老是這麼裝模作樣～老子就是不爽這點！
帝釋天
印度教的最強神祇，與梵天並列於天部最高位（P.138）。
阿修羅
戰神。保護釋迦如來的八部眾之一（P.152）。

※1 摩睺羅伽與阿修羅（P.152）同為八部眾的成員。迦樓羅（P.154）亦同。
※2 因為女兒被帝釋天奪走而怒不可遏的阿修羅，在聽了釋迦如來說法之後受到感化（參考P.152）。
※3 以釋迦如來為本尊，文殊菩薩、普賢菩薩為脅侍的三尊像，八部眾即為此三尊像的護衛。

因為人數眾多…
然後！
咚！
出現了，另一位總是很吵的人物。
啊哈哈哈…
我就對社長這麼說……
「您覺悟難道不是為了拯救人類嗎!?」
這樣！
梵天
印度教的最高神祇。位居天部最上位（P.136）。
也就是說，如果少了我，佛教可能就不存在了…
不愧是與帝釋天並駕齊驅的天部二巨頭。
雖然每次講的內容都一樣…
唉~我們這組真是吵死了~
哇！
帝釋天大人！

知子，妳見過普賢菩薩和文殊菩薩了嗎？
是的！
其實我們也是社長的秘書喔！
帝釋天・梵天組
長官＝釋迦如來
喔…嗯？
那隻象是我的坐騎。
帝釋天大人和梵天大人原本都是印度教的神明，
但是在佛教裡有各種姿態。如妳所見，因為兩位都是天菜男神，吸引了大批粉絲。
乘著鵝的梵天
騎在象背上的帝釋天
密教形式
也有中國貴族風
其他形式
我也是其中之一♡

天菜……
沒錯！
胸部平平但體態圓潤
之前見過的如來和菩薩都是超越性別的存在，
不過容易區分出性別也是天部的特徵！
男神
女神
武神
例如，女性中的
性感代表——弁才天大人！
弁才天
音樂等藝術之神。也掌管財富和戰爭（P.142）。
我也不是故意的。只是因為琵琶彈得很順，情緒忍不住激動了點。
我被稱為音樂、戰爭和財富的佛。掌管美與富貴的則是……

唉呀？
唉呀，真熱鬧。也讓我加入嘛～
吉祥天
美麗與幸福的女神。穿戴華美的中國風服裝及飾品（P.140）。
真年輕～皮膚好好喔！
再下點功夫的話會更漂亮喔～
沒有男友嗎？
兩位姊姊才受歡迎吧？
嗯～
不過我們已經是人妻了唷！
咦—!?
佛也會結婚嗎!?

我老公就是妳剛才見過的梵天！
唷！我老婆漂亮吧？
喔喔～俊男美女…
吉祥天大人的先生是怎樣的人呢？
嗯～人雖然不壞，但是他們老是成群結黨的…
成群結黨？
吉祥～!!
我找妳好久了！不要突然不見嘛～！
和我們一起喝一杯吧！
四天王
從東西南北四個方位守護如來及菩薩的護衛（P.144）。

才不要！你們總是要站著喝酒，莫名其妙。
身為守護神，還是站著比較自在啊！
壓迫感～
娘親～
啊！
善膩師！原來你在爹爹那裡啊！
剛剛四天王在陪我玩！
咦？還有小孩子嗎？
沒錯！這三位是在神明當中罕見的一家人※喔！
我有兩個名字，擔任四天王時是「多聞天」，被單獨供奉的時候則是叫「毘沙門天」。
毘沙門天！我有聽過。

※以毘沙門天為本尊，吉祥天和善膩師童子做為脅侍的三尊像全家福。

話說，我現在才注意到…
四天王腳下是不是踩著誰啊？
我們是邪鬼！是被佛降伏的存在！
感覺在哪裡見過…
邪鬼？邪……
啊！
邪鬼前輩也被踩在地上～!!
沒錯，我真正的工作崗位在這裡！
鏘～鏘!!
邪鬼
四天王等佛的台座。
不、不會痛嗎？
沒事的♡他們是自願被降伏的啦♡

如
菩
明
天

BONTEN

梵天

勸導如來傳播佛教

古代印度教的最高神祇——梵天（Brahmā，音譯為婆羅摩），是創造宇宙之神。在釋迦覺悟之後勸祂傳播佛教。由於前身是印度教至高神，在佛教中與帝釋天（P.138）並列為天部的最上位神。

平安時代以後，密教派的梵天像多為印度風格，有四張臉及四隻手（四面四臂），手持拂子或蓮花，身穿条帛和裙。而平安時代前的梵天像，外貌與人類相同，有一張臉和兩隻手（一面二臂），打扮得像是中國古代貴族（貴人）。

有時會與帝釋天一起做為釋迦如來（P.22）的脅侍（配置在本尊兩側的佛像），以三尊像的形式為世人所供奉。

profile

服裝&手持物

四面四臂的密教派梵天佛像，上半身以条帛（細長的布）纏身，腰部以下圍著裙（像圍裹裙一樣的布）。平安時代以前的一面二臂佛像，則穿著中國貴族風格的服裝。

職責

釋迦在覺悟後曾一度認為，即使向世人傳授佛教，也會因為過於艱澀而難以被接受。據說在這時，勸諫釋迦宣揚佛教以拯救世人的，就是梵天。

供奉寺廟

京都
東寺（教王護國寺）講堂
立體曼荼羅

奈良
東大寺法華堂
梵天像

梵天的容貌

四張臉
左右兩面，正面的頭上還有一面。
蓮花
代表出淤泥而不染的潔淨。
寶戟
抗敵的武器。
四隻手臂
拂子
驅除障礙。
鵝座
以結跏趺坐之姿、坐在四隻鵝背上的蓮華座裡。

仿效印度教神明的密教派佛像

平安時代以後的密教派梵天像，有四張臉和四隻手，乘坐鵝座；在那之前的佛像則是和人類相仿的一面二臂造型。

如
菩
明
天

TAISHAKU TEN

帝釋天

與梵天搭檔的古印度最強神祇

在

古代印度教被奉為最強神明的帝釋天（Indra，音譯為因陀羅），住在聳立於世界中心的須彌山山頂，從釋迦修行期間便跟隨著祂。

平安時代以後的密教派帝釋天像，擁有可以看穿一切事物的第三隻眼，跨坐在白色大象背上。因為是武神，手裡大多拿著對付敵人用的獨鈷杵，身著甲冑。

而在平安時代之前，則是和人類有著相同外貌，穿著像中國古代貴人（貴族）的裝束。當時多與梵天（P.136）一起做為釋迦如來（P.22）的脅侍（配置在本尊兩側的佛像），以三尊像的形式共同被祭祀。兩尊脅侍的造型非常相像，但穿著甲冑的那一尊通常是帝釋天。

profile

服裝&手持物

頭髮結起高髻，做中國貴族風格的打扮。由於身為武神，手裡拿著武器獨鈷杵，且外衣下多半穿有甲冑。

密教派的佛像則騎乘白色大象。

職責

身為古印度最強之神「因陀羅」，與梵天成對，住在聳立於世界中央的須彌山，是佛教的守護神。

妻子是阿修羅（P.152）的女兒，曾為了祂與阿修羅起衝突。

供奉寺廟

京都
東寺（教王護國寺）講堂
立體曼荼羅
奈良
東大寺法華堂
帝釋天像

帝釋天的容貌

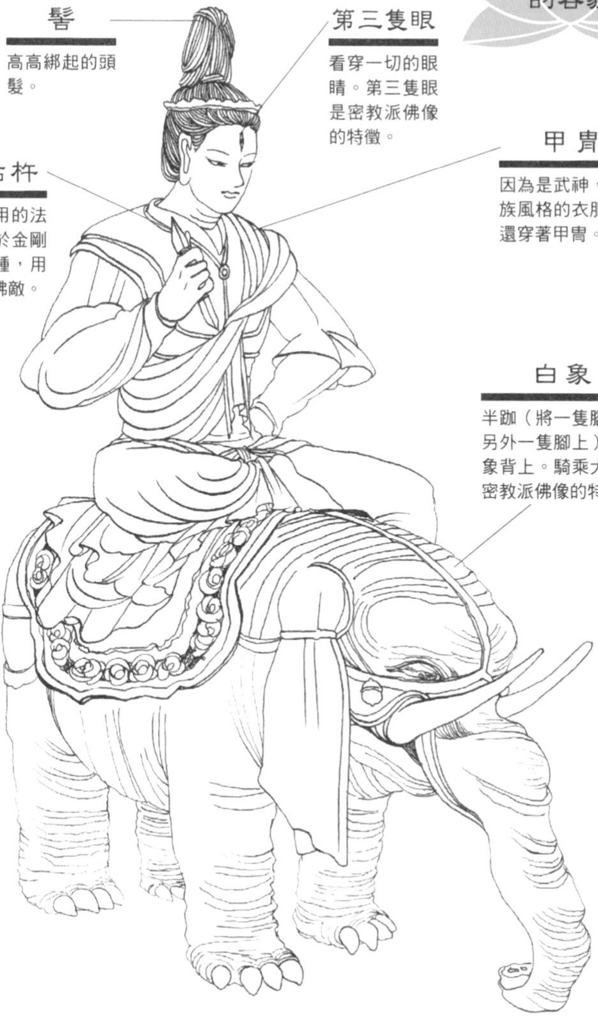
髻
高高綁起的頭髮。
第三隻眼
看穿一切的眼睛。第三隻眼是密教派佛像的特徵。
獨鈷杵
密教使用的法器。屬於金剛杵的一種，用來擊退佛敵。
甲冑
因為是武神，在貴族風格的衣服底下還穿著甲冑。
白象
半跏（將一隻腳放到另外一隻腳上）坐在象背上。騎乘大象是密教派佛像的特徵。

如菩明天

KICHIJO TEN

吉祥天

帶來美貌與幸福的女神

古代印度教的福德女神——吉祥天（Lakṣmī，音譯為拉克什米），可以帶來美貌、幸運以及財富。

中國風的絢麗服裝和飾品讓人目不暇給，為美女的代名詞。值得一看的是京都淨琉璃寺內、色彩艷麗的吉祥天立像，其白皙的臉龐和紅潤的嘴唇據說是參照古代中國貴婦的容貌，讓人印象深刻。被供奉在華美的佛壇當中。

在佛教中是毘沙門天（做為四天王時稱作多聞天，P.144）之妻，兩者有時會被供奉在一起。另外還會加上他們的孩子——善膩師童子，一家三口以三尊像的形式被供奉。

吉祥天還有護國祐民及五穀豐登的功德力量，奈良時代後，人們開始舉辦名為「吉祥悔過會」的國家級法會。

profile

服裝&手持物

身穿中國古代貴婦般的優雅衣裳。長髮披肩或綁起，還會配戴如寶冠、瓔珞等華麗首飾。右手結「與願印」，左手拿著可以實現願望的如意寶珠。

職責

被奉為美與幸運的女神，特別受到平安時代的貴族們愛戴。

鎌倉時代以後，以平民為中心，開始信奉同為美之女神的弁才天，故吉祥天相較之下知名度沒那麼高。

供奉寺廟

京都
淨琉璃寺
吉祥天女像

京都
鞍馬寺
吉祥天立像（毘沙門天三尊立像）

吉祥天的容貌

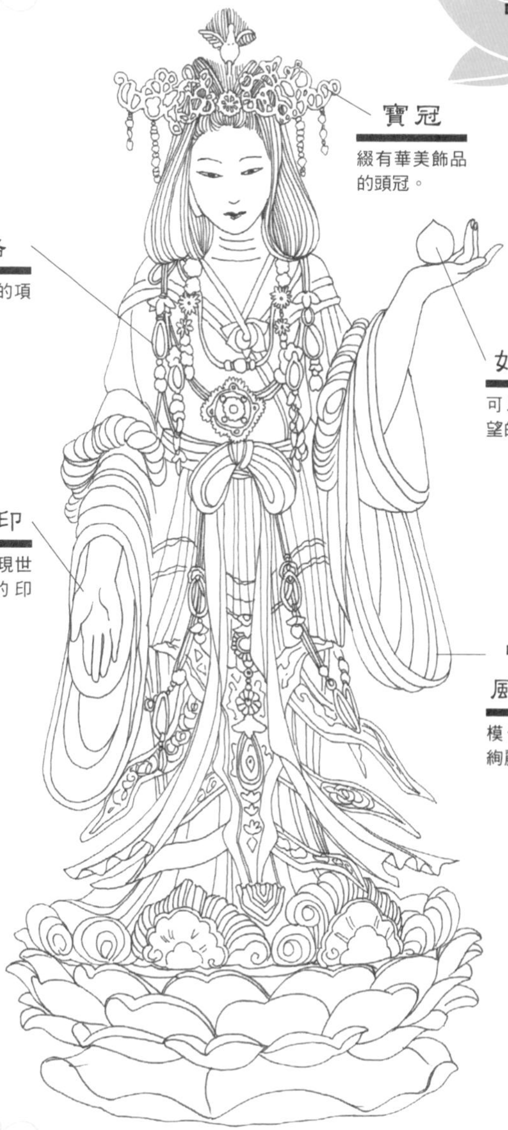

寶冠

綴有華美飾品的頭冠。

瓔珞

精緻華麗的項鍊。

如意寶珠

可以實現任何願望的寶珠。

與願印

傾聽並實現世人願望的印相。

中國貴婦風格的服裝

模仿宋朝貴婦的絢麗禮服。

如
菩
明
天

BENZAI TEN

弁才天

掌管音樂與智慧的女神

古代印度教的福德女神——弁才天（Sarasvatī，音譯為薩拉斯瓦蒂）。原為守護河川和豐饒之神，後來也被廣泛信奉為學問、音樂、財富及戰爭的女神。

早期的弁才天像為八臂（八隻手），手上多拿著弓箭、刀劍或斧頭等武器，也被奉為戰爭女神，頭上頂著帶有老者面孔、蛇身的宇賀神。鎌倉時代以後，抱著琵琶的二臂（兩隻手）佛像開始普及，受到祈求音樂或藝術成就之人的信仰。

寫做「弁財天」的時候，被奉為財神，是七福神之一。又被稱為「弁天」。因為是水神，常被祭祀在湖泊、池塘或海邊等靠近水的地方。

profile

服裝&手持物

中國貴婦的裝扮。八臂佛像手裡拿著弓、劍及寶塔等物。二臂佛像則抱著琵琶，有時為裸身像。

職責

八隻手上拿著各種武器的模樣，被奉為戰爭女神；抱著琵琶的話，則是音樂及藝術之神；而做為七福神的一員時，漢字寫做「弁財天」，被視為財富之神。弁才天也是美女的代名詞，丈夫是梵天。

供奉寺廟

神奈川
江島神社
妙音弁財天
八臂弁財天

神奈川
鎌倉國寶館
弁才天坐像

弁才天的容貌

八臂

八隻手分別拿著劍或弓等武器、擊碎煩惱的法輪，以及實現願望的寶珠。戰爭之神。

弁才天的 POINT!

宇賀神

掌管穀物的神明。是一隻盤起身體的蛇，頭部是老者或女人的臉。頭上頂著宇賀神的弁才天被稱為「宇賀弁天」。

二臂

雙手抱著琵琶。音樂與藝術之神。

弁才天的 POINT!

琵琶

鎌倉時代後，抱著琵琶的模樣逐漸普遍。

如
菩
明
天

SHITEN NOH

四天王

守護四方的武神

守護東西南北的神明，分別是「持國天」、「廣目天」、「增長天」和「多聞天」。被安置在本尊的四方。原是古印度神話中東西南北四個方位的守護神。

表情是怒視著佛敵的忿怒相，精壯的身軀披著甲冑。手持武器，腳底踩著被其降伏的「邪鬼」。手持物的部分，多聞天大多舉著寶塔，廣目天則拿著卷軸和筆，但並沒有固定的形式。

其中，多聞天因為鎮守鬼門所在的北方，常做為「毘沙門天」被單獨祭祀。知名的佛像有京都北部的鞍馬寺所供奉的毘沙門天像。也被世人奉為福德之神，是日本的七福神之一。

profile

服裝&手持物

身著甲冑，腳踩邪鬼。手裡拿著戟、劍或寶棒等武器。多聞天手持寶塔，廣目天拿著卷軸和筆的模樣較為常見。

職責

在矗立於世界中心的須彌山侍奉帝釋天（P.138）。傳說，祂們住在須彌山山腰上的四天王宮裡，守護著四方（東西南北）。

四天王各有不同的特殊能力，例如多聞天傾聽佛法、增長天保佑五穀豐登、廣目天可以洞察一切、持國天保佑國家安泰。

供奉寺廟

奈良
法隆寺金堂
四天王立像

奈良
東大寺戒壇堂
四天王立像

四天王的基本配置

擺放佛像的台座「須彌壇」，是模擬須彌山（位於世界中心的山）製成的佛教世界縮圖。四天王鎮守在其四方。

用「東南西北JI-ZŌ-KŌ-TA」的口訣來記吧！

用中文讀音的口訣就能輕鬆記住四天王的配置。東方持（JI）國天，南方增（ZŌ）長天，西方廣（KŌ）目天，北方多（TA）聞天。「JI-ZŌ-KŌ-TA」與日文「地藏買了」的發音相似。（編注：此處指日文口訣）

四天王的容貌

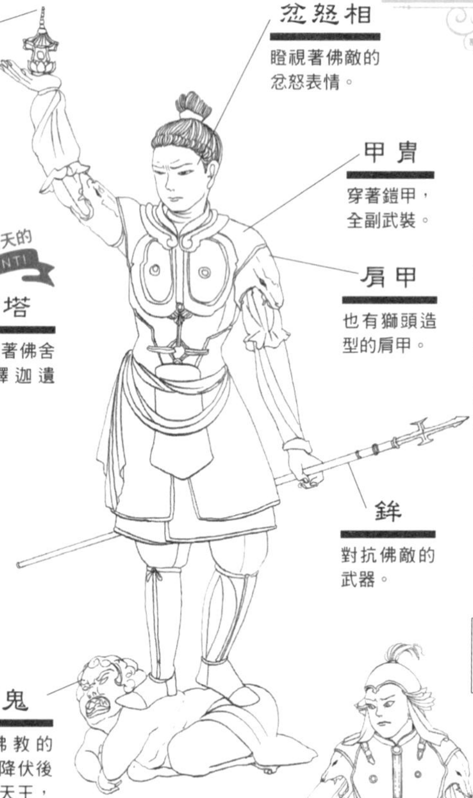
忿怒相
瞪視著佛敵的忿怒表情。
甲冑
穿著鎧甲，全副武裝。
肩甲
也有獅頭造型的肩甲。
鉾
對抗佛敵的武器。
多聞天的POINT!
寶塔
裡面裝著佛舍利（釋迦遺骨）。
邪鬼
危害佛教的鬼，被降伏後跟隨四天王，成為其台座。

北

多聞天（毘沙門天）

四天王中的領導者。「多聞」指的是「多聽聞佛法」或「聞名四方」之意。鎮守北方。

被單獨供奉時稱為毘沙門天

負責守護鬼門所在的北方，有時會被單獨供奉，這種情況稱作「毘沙門天」。

東

持國天

正如其名，持國天的職責在於「支持國家」，保佑國家安泰。鎮守東方。

甲冑
寶劍
用來對抗佛敵的武器。
邪鬼

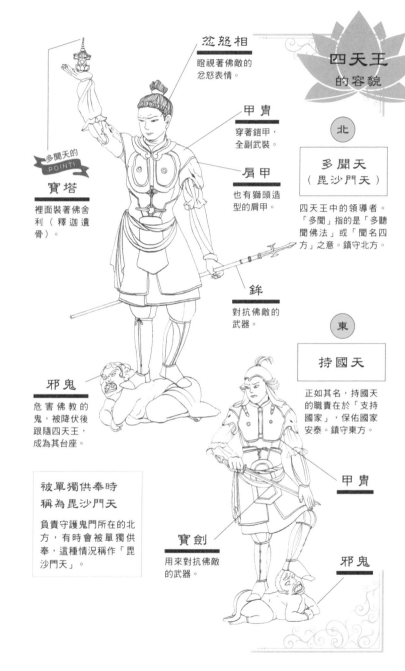

西

廣目天

如其名「目光廣闊」，擁有看穿一切事物的特殊能力。鎮守西方。

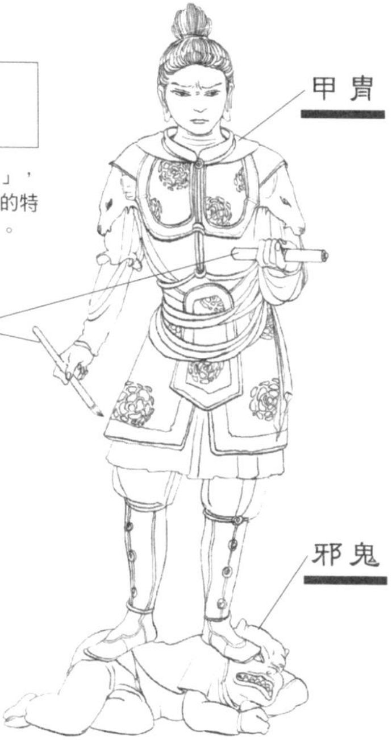

筆＆卷軸

廣目天像手裡常拿著這兩項物品。

戟

對抗佛敵用的武器。

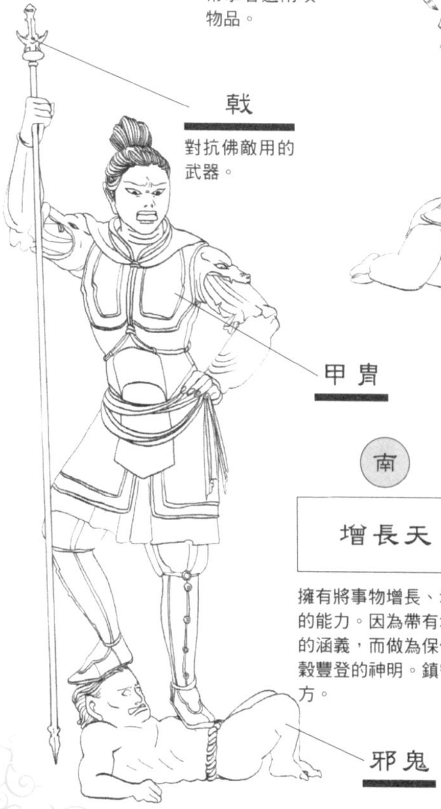

南

增長天

擁有將事物增長、增大的能力。因為帶有增加的涵義，而做為保佑五穀豐登的神明。鎮守南方。

如
菩
明
天

KONGO RIKISHI

金剛力士

保護佛教，別名「仁王」

經

常在日本寺廟看到守在門口兩側的神像。這兩尊佛像其中一尊張口說「阿」，叫做「阿形」；另一尊閉著嘴表現「嗯」，叫做「吽形」，正如日文中所謂的「阿吽的呼吸」（注：兩者默契〔呼吸〕配合之意）一般。兩尊擺在一起的時候又稱為「仁王（二王）」。

「阿」（a）是梵語的第一個音，象徵開始；「吽」（hūṃ）則是最後一個音，象徵終結。所以「阿吽」這個詞即代表事物的開始到結束。

知名的東大寺南大門仁王像，其阿形在左、吽形在右，兩尊佛像面對面佇立。但一般來說，大多是右側為阿形、左側為吽形，且因為祂們的工作是負責擊退外來的敵人，兩尊佛像面朝外站立的擺設方式較為普遍。

profile

服裝&手持物

肌肉結實的身軀上披著天衣（像披肩的布），下半身穿著裙（像圍裹裙的布）。手持金剛杵抵禦佛敵的樣子，即金剛力士之名的由來。

職責

在梵語裡的意思是「拿著金剛杵之人」。大部分站在寺院門口的左右兩側，以阿形和吽形兩尊為一組，稱為仁王。

一臉忿怒地守著寺廟門口，不讓任何心懷不軌的佛敵進入。

供奉寺廟

奈良
東大寺南大門
金剛力士立像

奈良
興福寺國寶館
金剛力士立像

金剛力士的容貌

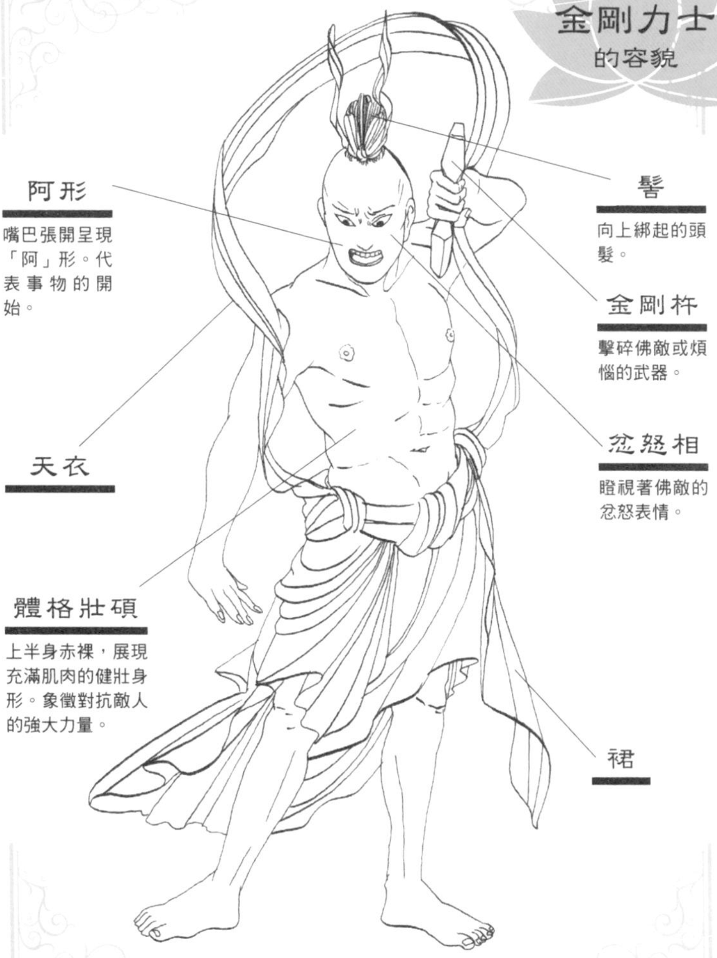
阿形
嘴巴張開呈現「阿」形。代表事物的開始。
天衣
體格壯碩
上半身赤裸，展現充滿肌肉的健壯身形。象徵對抗敵人的強大力量。
髻
向上綁起的頭髮。
金剛杵
擊碎佛敵或煩惱的武器。
忿怒相
瞪視著佛敵的忿怒表情。
裙

嘴巴緊閉的「吽形」

兩尊一組被稱為仁王的時候，另一尊的嘴巴緊閉，呈現「嗯」的吽形，象徵事物的終結。相對於阿形展露出自己的忿怒，吽形則是將怒氣藏在心中的表情。

如
菩
明
天

JUNI SHINSHO

十二神將

藥師如來的護衛

十二神將是藥師如來（P.34）的眷屬（部下），也是負責保護祂的護衛。大多被安置在藥師如來的四周，將其包圍。身著甲冑，滿臉忿怒的武神。

到了平安時代，因為有十二位神，而被拿來與十二地支結合，出現頭上戴著十二生肖的十二神將佛像。對應十二生肖的十二地支，早前被用來表示時間，一刻大約等於二小時。每一位神每天各負責二個小時，二十四小時全天候守護著藥師如來與祂的信徒。

十二地支的對應依不同地方的佛像而有所出入，一般為：宮毘羅（亥）、伐折羅（戌）、迷企羅（酉）、安底羅（申）、頞儞羅（未）、珊底羅（午）、因達羅（巳）、波夷羅（辰）、摩虎羅（卯）、真達羅（寅）、招杜羅（丑）、毘羯羅（子）。神將的名稱也因經典而異。

profile

服裝&手持物

身著甲冑，手持武器，如劍、弓箭、斧頭、寶棒、寶珠、法螺、金剛杵或三叉戟等等。

有的神像頭上戴著各自對應的生肖動物，例如興福寺東金堂。

職責

身為藥師如來的眷屬，負責護衛。也有人說是體現了藥師如來為了拯救世人所立下的「十二誓願」的分身。平安時代以後，結合十二地支，一同奉祀。

供奉寺廟

奈良
新藥師寺
十二神將立像

奈良
興福寺東金堂
十二神將立像

十二神將的容貌

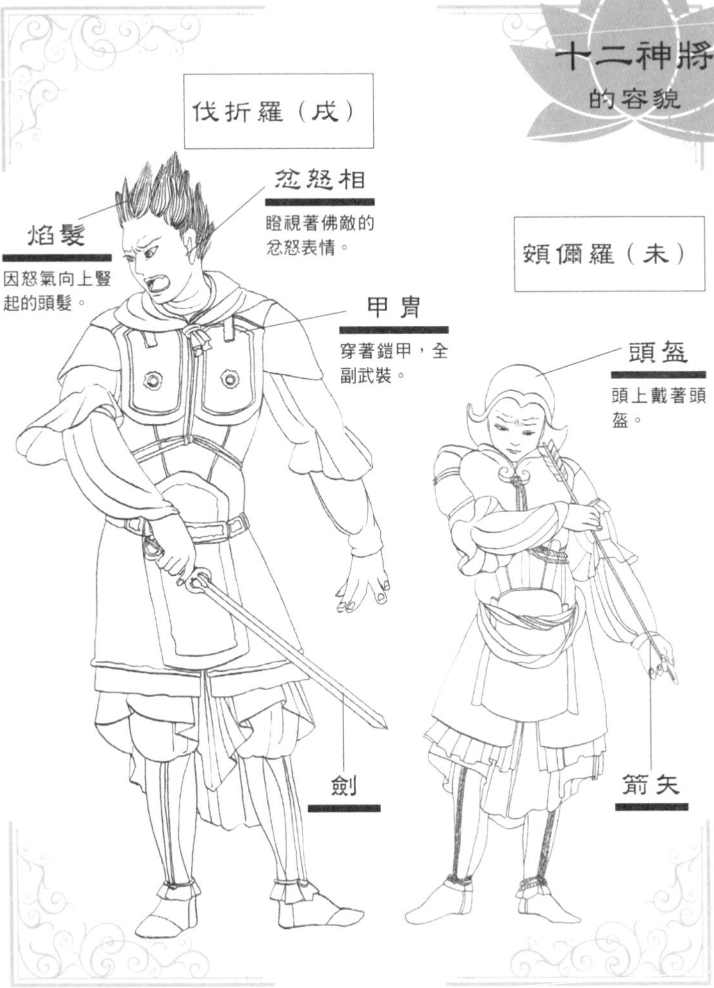
伐折羅（戌）
忿怒相
瞪視著佛敵的忿怒表情。
焰髮
因怒氣向上豎起的頭髮。
甲冑
穿著鎧甲，全副武裝。
劍
頞儞羅（未）
頭盔
頭上戴著頭盔。
箭矢

負責守護藥師如來的四周

→詳情參照P.237

藥師如來
十二神將

配置在藥師如來的周圍。每尊佛像各負責2個小時，24小時不間斷地守護如來。

阿修羅（八部眾）

釋迦如來的部下

釋

迦如來（P.22）的眷屬（部下），負責保護佛教及其信眾的八位守護神，稱為「八部眾」。八部眾是皈依佛教的印度神明，阿修羅為其中一員。

有一說是身為戰神的阿修羅原本住在天界，但天界之主帝釋天（P.138）搶走了祂的女兒，盛怒之下的阿修羅便對帝釋天開戰。之後，帝釋天與阿修羅的女兒正式結為夫妻，但阿修羅的怒氣卻沒有消滅，持續征戰的結果，便是遭到天界流放。

腦袋裡只剩下戰爭的阿修羅，在聽了釋迦說法之後洗心革面，成為釋迦的部下並保護祂。興福寺的阿修羅像，據說就是呈現阿修羅聽了釋迦說法後，改過自新的表情。

profile

服裝&手持物

八部眾原為印度神祇，皈依於釋迦的教誨後，成為佛教的守護神。

成員種類繁多，有梵天與帝釋天所屬的天部、做武者打扮的武神、動物姿態的迦樓羅，以及三面六臂的阿修羅等。因此，服裝和手持物也是五花八門。

職責

《法華經》裡提到的八部眾，分別是天、龍、夜叉、乾闥婆、阿修羅、迦樓羅、緊那羅及摩睺羅伽，每位神明發揮各自的能力守護佛教（興福寺的八部眾名稱不同）。

此外，在千手觀音的眷屬「二十八部眾」（P.154）當中，也包含了八部眾。

供奉寺廟

奈良
興福寺國寶館
乾漆八部眾立像

阿修羅 的容貌

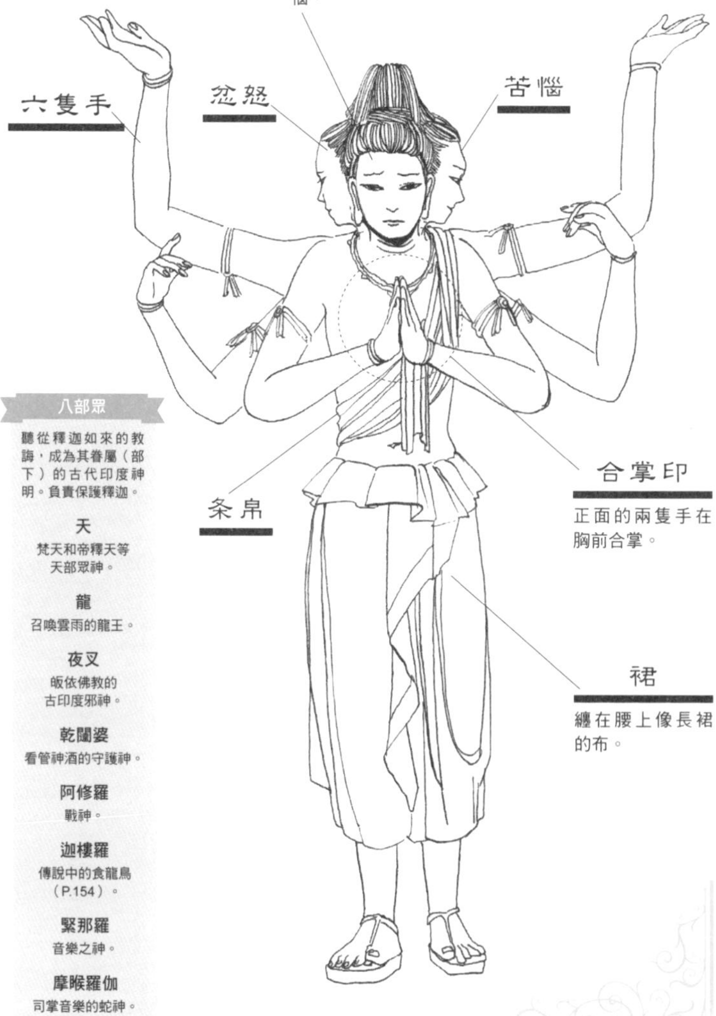
三張臉
正面的臉呈現聽了釋迦說法後悔過的表情。右臉代表忿怒，左臉代表苦惱。
六隻手
忿怒
苦惱
条帛
合掌印
正面的兩隻手在胸前合掌。
裙
纏在腰上像長裙的布。

八部眾

聽從釋迦如來的教誨，成為其眷屬（部下）的古代印度神明。負責保護釋迦。

天
梵天和帝釋天等天部眾神。

龍
召喚雲雨的龍王。

夜叉
皈依佛教的古印度邪神。

乾闥婆
看管神酒的守護神。

阿修羅
戰神。

迦樓羅
傳說中的食龍鳥（P.154）。

緊那羅
音樂之神。

摩睺羅伽
司掌音樂的蛇神。

KARURA, NIJUHACHI BUSHU

迦樓羅（二十八部眾）

守護千手觀音

千手觀音（P.64）的眷屬（部下），並保護其信徒的二十八位守護神，稱為二十八部眾。其成員是源自於古印度的神祇，諸如男神、女神、身披甲冑的武神和獸神、演奏樂器之神等等，有著各式各樣的容貌。

當中包含了梵天、帝釋天、吉祥天、弁才天、四天王、金剛力士和八部眾等神，雖然包含主要天部，但所有成員的名稱和樣貌並沒有明確規定。還有在二十八部眾之外加上風神及雷神，共三十人一起守護千手觀音的形式。

其中最引人注目的，便是同時身兼八部眾的鳥面迦樓羅。祂的原型是出現在印度神話裡、傳說中的食龍鳥「揭路荼（Garuḍa）」。迦樓羅為鳥面人身，背上長著翅膀。

profile

服裝&手持物

包含男神（如梵天）、女神（如吉祥天）、武神（如金剛力士、四天王）及鳥面迦樓羅等，成員的外貌各不相同，服裝和手持物也五花八門。

職責

跟隨千手觀音的二十八位眷屬，被安置在本尊的周圍，保護佛教及其信眾。

其中大多數為源自古印度的神明。知名的神諸如梵天、帝釋天、吉祥天、弁才天、四天王和金剛力士等，也包含了八部眾（P.152）。

供奉寺廟

京都 蓮華王院三十三間堂 二十八部眾立像

京都 清水寺本堂 二十八部眾立像

迦樓羅
的容貌

橫笛
音樂之神，吹奏著橫笛。
鳥面
前身為印度傳說中的鳥──揭路荼。臉部像鳥，背上有翅膀。
甲冑
全副武裝。

做為二十八部眾時也會有不同的稱呼

金剛力士
（阿形，P.148）
那羅延堅固

吉祥天
（P.140）
大弁功德天

持國天
（P.144）
東方天

廣目天
（P.144）
毘樓博叉天

增長天
（P.144）
毘樓勒叉天

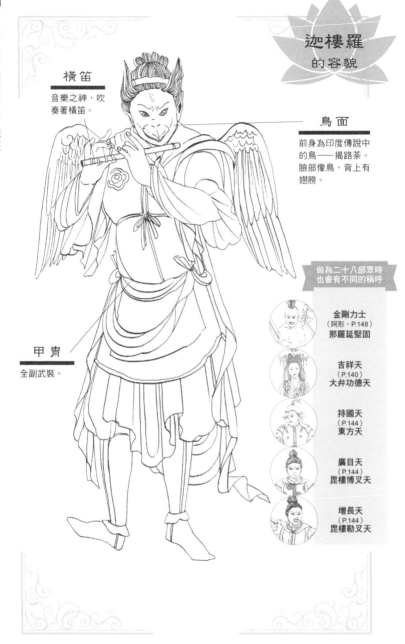

侍奉佛的童子

跟隨著佛、有著孩童外表的童子們，雖然個頭嬌小，但祂們生動的表情在信徒間非常受歡迎。廣為人知的，例如善財童子、八大童子，以及毘沙門天&吉祥天之子——善膩師童子。

「渡海文殊」的一員
負責前導文殊菩薩

在前方引領騎著獅子的文殊菩薩（P.84）。可愛的模樣備受喜愛。

雙髻
頭髮綁成兩束。
以水汪汪的大眼回望文殊菩薩。
善財童子
合掌印
雙手在胸前合掌。
邁開步伐引領的模樣。

前往聖地的隊伍「渡海文殊」

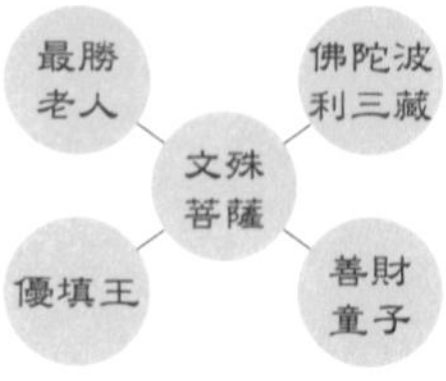

最勝老人
佛陀波利三藏
文殊菩薩
優填王
善財童子

四位隨從圍著文殊菩薩橫渡海洋的模樣。文殊菩薩騎著獅子，善財童子走在前方引導，一面回眸看向獅背上的文殊菩薩。

→詳情參照P.239

不動明王的眷屬
代表忿怒與慈悲

制多迦童子與矜羯羅童子為不動明王的眷屬（部下），同時列於八大童子中。在八位少年當中，以這兩位做為脅侍的不動三尊尤為常見。

五髻
頭髮綁成五束。這種髮型也可見於文殊菩薩。
臉上掛著好強的表情。
金剛棒
擊碎煩惱。
制多迦童子
多為頑皮少年的模樣。
金剛杵
擊退佛敵。

安詳純真的臉龐。
矜羯羅童子
跟隨不動明王的溫順少年。
合掌印
雙手合掌於胸前。有時也會手持蓮花。

不動明王與二位童子的「不動三尊」

常做為不動明王的脅侍，以三尊像的形式被供奉。溫和的矜羯羅與好勝的制多迦，兩位童子的對比十分有趣。

不動明王
制多迦童子
矜羯羅童子

→詳情參照P.239

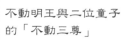

可以看到佛像的地方

4

湖北（滋賀）

樸實美麗的觀音像

以比叡山延曆寺為首，滋賀縣保留了許多歷史久遠的古老寺廟。其中，琵琶湖北部的湖北地區，聚集了以觀音菩薩為主的優美佛像。

當中最知名的莫過於向源寺的十一面觀音，這尊觀音像被供奉在隸屬向源寺的渡岸寺觀音堂內，其造像之美因為白洲正子和井上靖的讚賞而廣為人知。有趣的是能夠環繞佛像參觀，可以看見十一面觀音背面的臉部表情（參考P.62，暴惡大笑面）。

其他還有像是以紅唇著稱的石道寺十一面觀音，以及罕見地擁有多隻腳的正妙寺千手千足觀音等佛像。不過，由於多數寺廟內並沒有常駐的住持，參觀前可能需要事先與廟方聯繫確認。

知名的佛像

- 向源寺（渡岸寺觀音堂）「十一面觀音立像」
- 石道寺「十一面觀音立像」
- 赤後寺「千手觀音立像」
- 己高閣．世代閣「藥師如來立像」
- 正妙寺「千手千足觀音像」
- 黑田觀音寺「准胝觀音立像」（傳 千手觀音立像）

第五章

羅漢・高僧

【RAKAN & KOSO】

羅漢為釋迦的弟子，高僧則是致力推廣佛教普及者。
為了進入公司，奮力進行就職活動中。

在現世推廣佛教的人

羅漢・高僧

RAKAN & KOSO

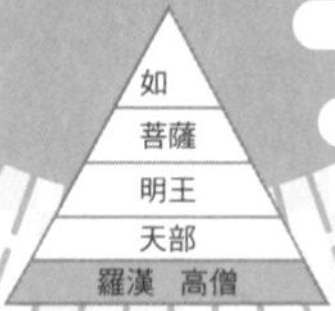

何謂羅漢

釋迦優秀的弟子們。當中尤為出類拔萃的十個人，稱為「十大弟子」。其他還有十六羅漢及五百羅漢等，通常是好幾位一起被供奉。羅漢是「阿羅漢」（Arhat）的簡稱，意思是滅卻煩惱之人。

何謂高僧

過去實際存在、為了推廣佛教而奉獻心力的僧侶。從中國渡日傳教的鑑真便是其中一個著名的例子。此外，也會替宗派的開山祖（祖師）製作佛像，例如法相宗的無著和真言宗的弘法大師。

服裝

羅漢身為釋迦的弟子，為了進行嚴苛的修行，身著簡陋的衣物，將頭髮剃光。

高僧的服裝則沒有制式規定。為了呈現他們生前的模樣，大多穿著僧衣及袈裟。依照實際人物製作而成的高僧像，所呈現的寫實樣貌正是其看點。

手持物

羅漢多半不拿物品。在觀賞十大弟子的像時，請將目光集中在表現出每個人不同能力和個性的表情或手勢上。

高僧的話，雖然也有拿著東西的高僧像，但手持物的種類五花八門，例如水瓶、數珠或獨鈷杵等等。有時也會結「定印」或「合掌印」。

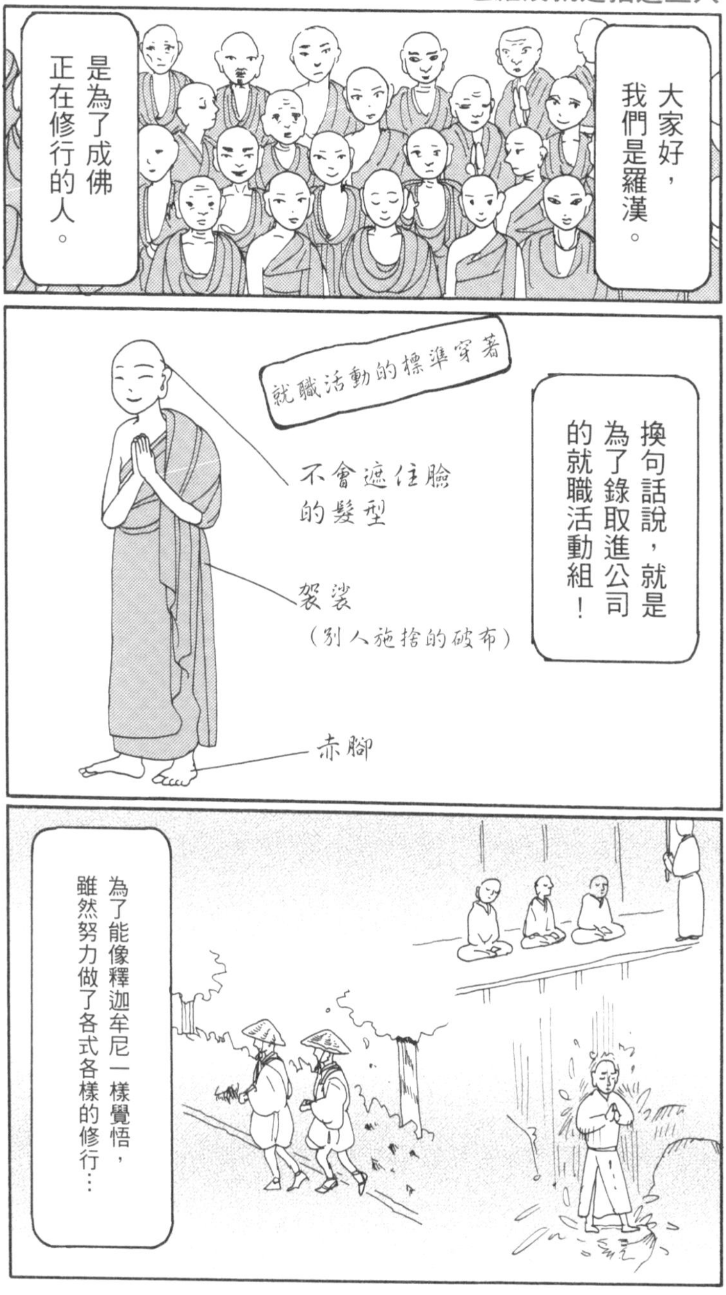
大家好，我們是羅漢。
是為了成佛正在修行的人。
換句話說，就是為了錄取進公司的就職活動組！
就職活動的標準穿著
不會遮住臉的髮型
袈裟
（別人施捨的破布）
赤腳
為了能像釋迦牟尼一樣覺悟，雖然努力做了各式各樣的修行…

哇～是美女!!
女人耶～
一杯而已
沒關係吧？
對吧？？
但是要成佛並不是那麼容易的事情。
當然，也有很厲害的人喔！
嗖…
阿難陀
釋迦十大弟子（P.164）之一。跟隨釋迦25年，據說是聽釋迦說法最多次的人。後來將釋迦的教誨加以整理，編纂成經典。

達摩
傳說中面壁禪坐了九年的僧侶。是中國禪宗的開山祖，也是吉祥物「達摩」不倒翁的原型。
羅睺羅
釋迦十大弟子（P.164）之一，是釋迦的親生兒子。為了證明心中有佛，將胸部打開示人。
其中也有被流放的大前輩……！
賓頭盧
釋迦的弟子之一。神通廣大，但因為炫耀自己的能力而激怒釋迦，遭到流放。
不過，現在最受歡迎※的正是賓頭盧前輩……！也有人說，充滿人性之處正是羅漢的魅力所在。
——我也要繼續努力！

※由於遭到流放，賓頭盧的像被放在寺院內陣（供奉佛像的地方）之外，可以自由觸摸。據說摸到的地方疾病會痊癒，擁有眾多信徒。

羅漢・十大弟子

RAKAN, JUDAIDESHI

釋迦修行中的弟子

（如／菩／明／天／羅）

「羅漢」是佛教的修行者，特指釋迦的弟子。在釋迦的眾弟子中，最優秀的十個人被稱為十大弟子。

十大弟子各自擁有特殊能力，用不同的方式協助釋迦。諸如智慧過人、曾出現在《般若心經》裡面的舍利弗；或是聽釋迦講述佛法，並將內容編輯成經典的阿難陀等人，都非常知名。他們常做為釋迦如來（P.22）的眷屬（部下），共同受人祭祀。

其他還有像是發誓守護佛教的十六羅漢，以及在釋迦死後，為了彙整經典而聚集在一起的五百羅漢。後者常被做成石佛，放置在戶外。

profile

服裝&手持物

身為釋迦弟子的羅漢，身上穿著簡陋的袈裟，表示經歷了嚴苛的修行。

職責

身負推廣佛教的各種職務。

當中最特別的，便屬十六羅漢之一的賓頭盧尊者。他因為炫耀自己超凡的能力、嗜酒等原因遭到流放，故其像多被置於寺廟內陣之外。但也因為如此，參拜者可以自由觸摸，甚至開始相信可以治好觸及之處的病痛。

供奉寺廟

奈良
興福寺
十大弟子立像

京都
千本釋迦堂大報恩寺
十大弟子立像

羅漢・十大弟子 的容貌

十大弟子・迦旃延

剃髮

剃光頭髮。

表情和姿勢各不同

十大弟子每位都充滿特色，表情和姿勢也都各有不同。迦旃延熱衷於傳教，表現出認真傳授釋迦教誨的模樣。

袈裟

身著粗陋的袈裟，象徵經歷嚴峻的修行。

特色鮮明的十大弟子

釋迦為數眾多的弟子當中，最受信賴的十位弟子，每一位都充滿特色。

1.舍利弗
智慧過人。也出現在《般若心經》當中。

2.目犍連
神通廣大。

3.大迦葉
認真修行。

4.須菩提
善於理解真理。

5.富樓那
擅長說法。

6.迦旃延
熱衷傳教。

7.阿那律
盲人，但擁有可以看透真理之眼。

8.優波離
遵守戒律。

9.羅睺羅
釋迦的長子。遵從戒律，努力修行。

10.阿難陀
細聽釋迦說法，在其死後編纂經典。

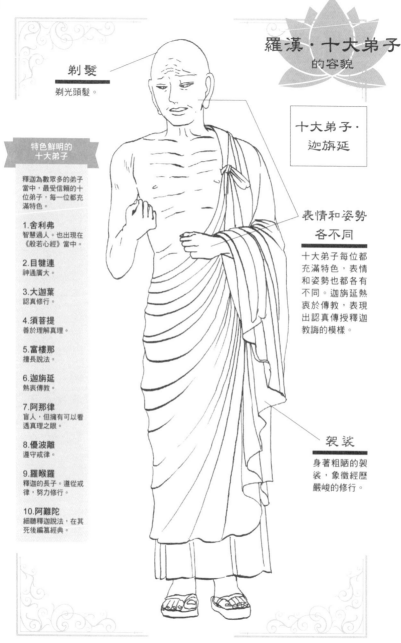

高僧

死後被神格化的僧侶

所謂的高僧像，是實際存在的僧侶死後，人們將其神格化祭祀的像。世人替對佛教推廣有極大貢獻的僧侶製像，例如致力於建造東大寺大佛殿的行基，或是從中國東渡日本傳教的鑑真等。

此外，也有宗派開山祖的像。著名的有真言宗的空海、天台宗的最澄，以及提倡淨土教的空也等人。

奈良的興福寺北円堂中，站在彌勒如來（P.94）像兩旁的脅侍，分別是高僧無著與世親。無著是四世紀時在印度成立法相宗的僧侶，被認為是法相宗的創始人；而站在另一側的世親是無著的弟弟，兩人共同留下了許多著作。兩尊像分別以年邁的無著及壯年世親呈現，臉上都掛著陷入沉思的表情。

profile

服裝&手持物

大多穿著法衣或袈裟，手持物也不盡相同。無著手上拿著裝了缽的包袱。也有結著「定印」或「合掌印」的像。

不受拘束的造型也是高僧像的特徵之一。讓人印象深刻的有京都六波羅蜜寺的空也像，嘴裡迸出的「南無阿彌陀佛」六個字，以阿彌陀如來的樣貌呈現；而京都西往寺的寶誌和尚像，則是從臉部中間冒出觀音菩薩。

職責

效忠於佛教、致力傳教的僧侶，或是宗派創始人，做為超越人類的存在受世人祭拜。

供奉寺廟

奈良
興福寺北円堂
無著・世親立像

高僧的容貌

無著

剃髮

因為是僧侶，剃度落髮。

充滿智慧的表情

手持物

裝著缽的包袱或是數珠、水瓶等物。

法衣

僧侶的服裝。

袈裟

也要關注與其並排的「世親」像

在興福寺北円堂，無著與其弟世親一起，被安置在彌勒如來的兩側。

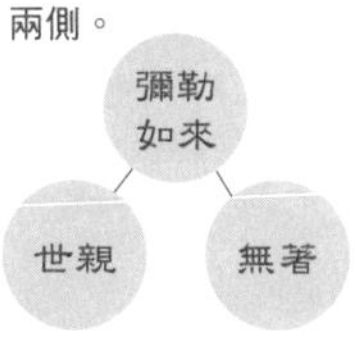

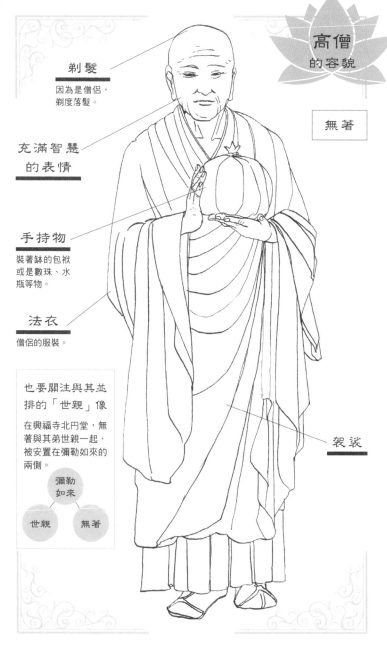

可以看到佛像的地方

5

若狹（福井）

受《萬葉集》歌頌的歷史寶地

位於福井縣西部的若狹地區，自奈良時代開始便與京都有著密切交流，《萬葉集》當中甚至收錄了讚美若狹灣美景的和歌。尤其在小濱市，保留了許多橫跨奈良至鎌倉時代、歷史悠久的古老佛像，被稱為「有海的奈良」。其中，妙樂寺的千手觀音用四十二隻脇手及無數小手，表現出千手觀音的一千隻手（部分手已佚失）；明通寺則有降三世明王（五大明王之一），以及非常罕見、據說是西遊記沙悟淨原型的深沙大將立像。

高濱町中山寺供奉的馬頭觀音菩薩像，有三張臉和八隻手臂，腳的姿勢也非常特別，呈現出彷彿下一秒就會動起來的躍動感，是只有在開帳（注：揭開佛像幃帳供人參拜）期間才能看見的秘佛。

知名的寺廟&佛像

【小濱市】
- 妙樂寺「千手觀音菩薩立像」
- 羽賀寺「十一面觀音立像」
- 明通寺「藥師如來坐像」「降三世明王立像」「深沙大將立像」

【高濱町】
- 中山寺「馬頭觀音菩薩像」

第六章

象徵釋迦一生的佛像

【 Shaka-no-Issho 】

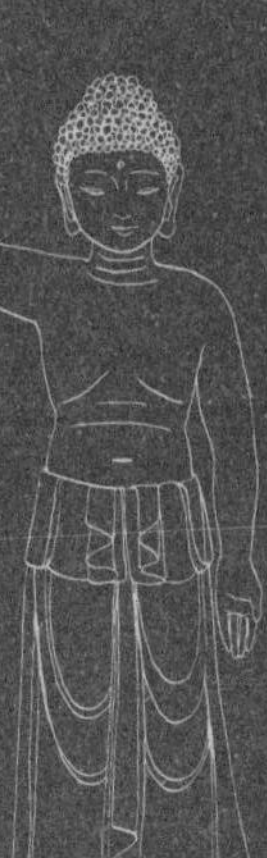

社長。
什麼事～
請社長講以前的故事給我們聽，激勵我們一下～
又要聽？
正色
不管幾遍我們都想聽！
啊，是喔…
明知道我只要被拜託就無法拒絕……
呃～那麼……
我就開始說囉～
耶～
啪啪
啪啪
很久很久以前，在印度有一群叫做釋迦族的貴族。
王后摩耶夫人做了個奇妙的夢，她夢見有一隻長著六根長牙的白象進到自己體內，隨後便懷孕了。

好漂亮的花呀！
這是無憂樹的花。
滾落……
──嗯？
接著，竟然從她的右腋下方……
→「摩耶夫人像」參考P.181
出生後隨即走了七步…
躍下
天上天下唯我獨尊！
呀～好可愛！帥呆了───！
喬達摩．悉達多，後世稱釋迦如來，也就是我本人便誕生了。
→「誕生佛」參考P.181
好了好了，你們安靜。
這句話聽起來超囂張的，像是在說「全世界我最了不起！」，但其實不是這樣的，對不對？
意思其實是「每個人都是獨一無二的存在」！

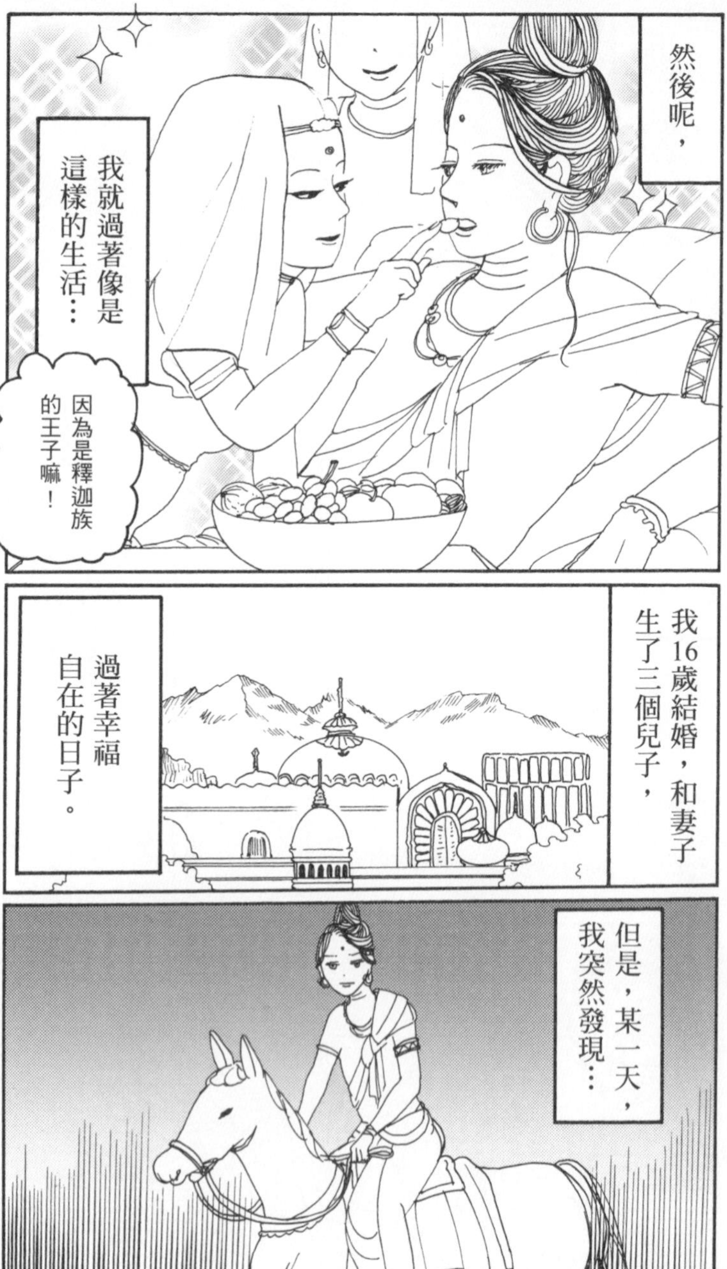

然後呢，
我就過著像是這樣的生活…
因為是釋迦族的王子嘛！
我16歲結婚，生了三個兒子，和妻子
過著幸福自在的日子。
但是，某一天，我突然發現…

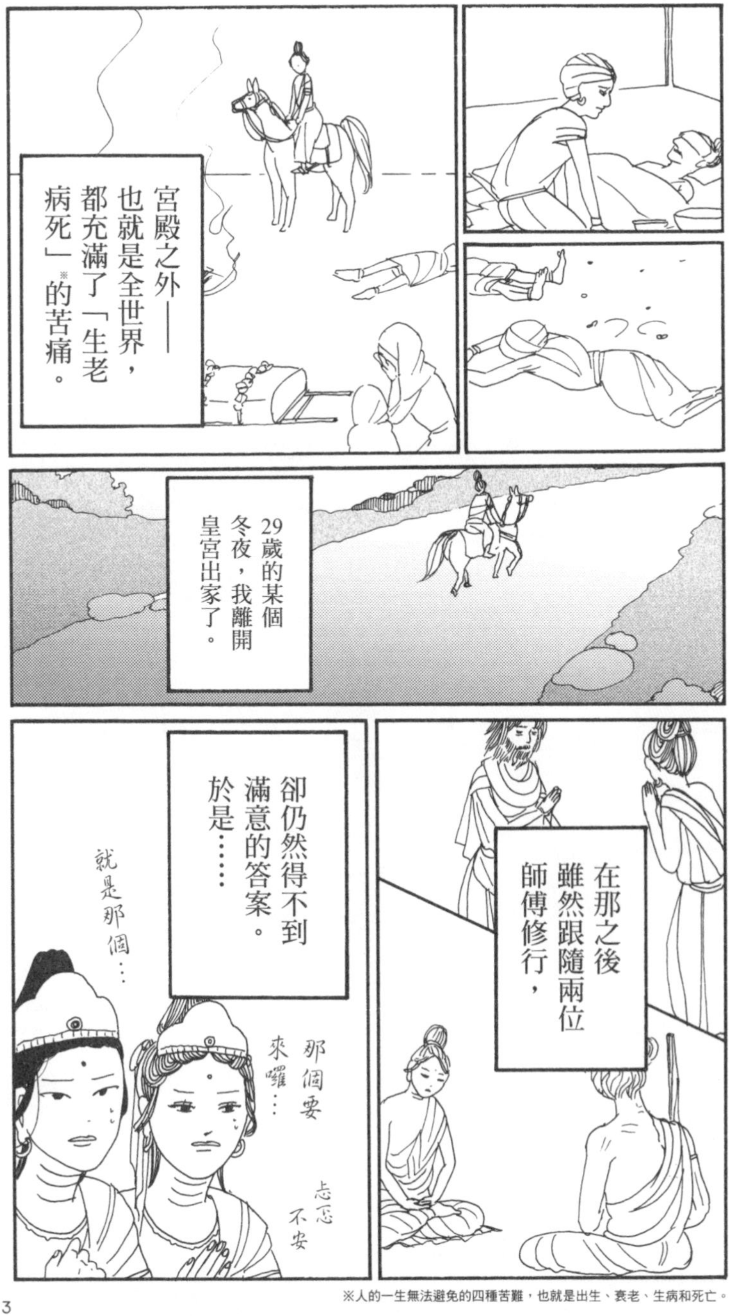
宮殿之外——
也就是全世界，
都充滿了「生老
病死」※的苦痛。
29歲的某個
冬夜，我離開
皇宮出家了。
在那之後
雖然跟隨兩位
師傅修行，
卻仍然得不到
滿意的答案。
於是……
就是那個…
那個要
來囉…
忐忑
不安

※人的一生無法避免的四種苦難，也就是出生、衰老、生病和死亡。

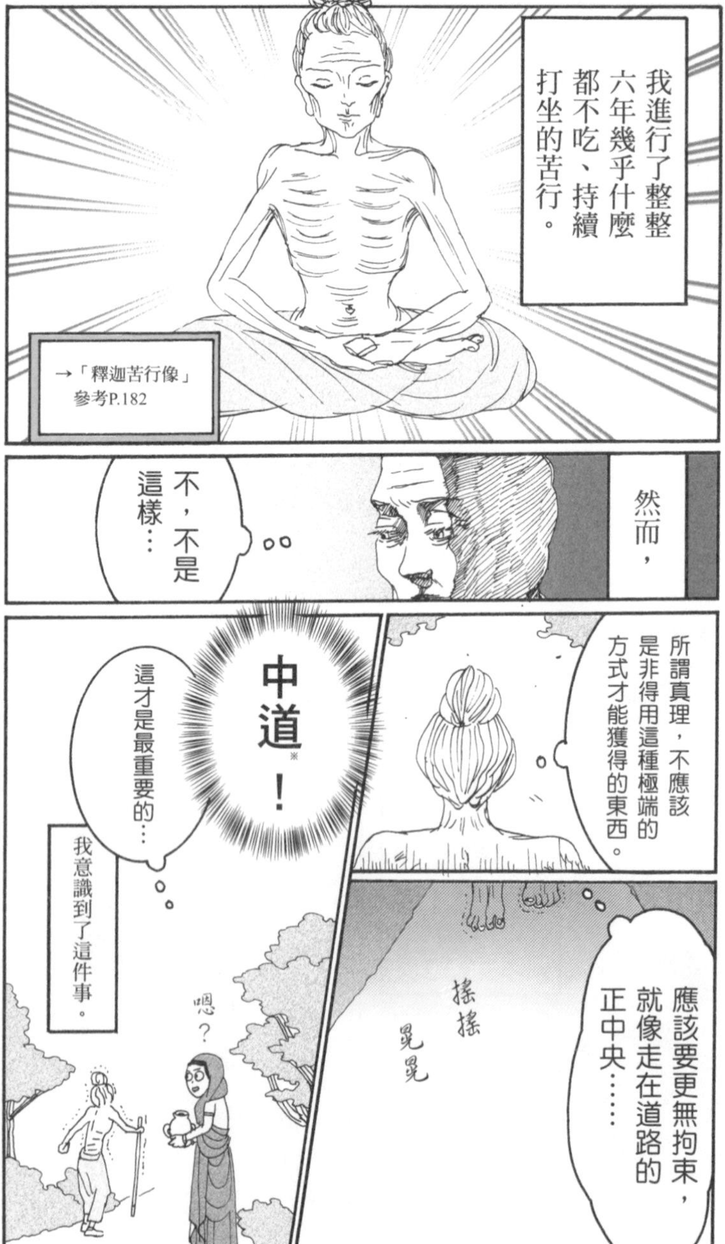
我進行了整整六年幾乎什麼都不吃、持續打坐的苦行。
→「釋迦苦行像」參考P.182
然而，
不，不是這樣…
所謂真理，不應該是非得用這種極端的方式才能獲得的東西。
應該要更無拘束，就像走在道路的正中央……
中道※！
這才是最重要的…
我意識到了這件事。
搖搖
晃晃
嗯？

※不過度苦行或放縱玩樂，用適當的方式修行。（編注：中道乃釋迦牟尼的核心教義之一。即離開二邊之極端、邪執，不偏於任何一方的中正之道。）

我遇見了一位名為蘇嘉塔的女孩。
呼！
別死啊！！
要好好吃東西啊！！
非常感謝……
她請我喝牛奶粥，讓我撿回一條命。
35歲時，
我在菩提樹下，陷入了深度冥想。
接著，當太陽昇起時……

我頓悟了排除痛苦的根源「迷惘」的四個階段和八種方法，
成為了佛陀※。
好厲害！只花了一天而已！
覺悟的前一晚出現了各式各樣的惡魔，
哼哼哼
吵死人了…
竊笑
呵呵呵
哼哼哼
企圖妨礙我覺悟成佛。
就在這個時候，
我用指尖碰觸大地，召喚出大地之神，趕跑了惡魔。
就是降魔印呢！
→「降魔釋迦像」參考P.182

※佛陀（Buddha），印度梵語中覺悟之人的意思。

之後，受到梵天※1的勸說，
如果你不推廣佛教，還有誰能拯救世界呢？
我踏上了向世人傳教的旅途。
有非常多人成為我的弟子，
當中也包含我的兒子羅睺羅※2。
到了80歲時，雖然腹痛不適，我仍然繼續旅行。
在拘尸那揭羅的兩棵沙羅雙樹下，
我向右側躺下，頭朝著北方。

※1 印度教的最上位神（P.136）。
※2 釋迦的親生兒子。羅漢・十大弟子（P.164）之一。

各位，
世上一切事物均瞬息萬變，諸行無常。
大家要持續修行。
輕聲地說完這些話後，
→「涅槃佛」參考P.183
我就入滅※了——
不管講幾次你們都是這個反應呢。
是社長太會講故事了！
弟子們的心情⋯⋯!!
算了。
躺下

※指釋迦去世。

想到佛教就從這裡開始，
發展成各式宗派，出現各種的佛像，
原來，我的一生成為了這一切的原點啊——
——社長？
您怎麼了？不舒服嗎？？
肚子痛嗎？
不要入滅啊…？
手足無措
社長
不會不會。好了，休息完了！
啊，那就好。
把剩下的工作完成吧！
是！

呈現釋迦生平的佛像

了解佛像的背景

釋迦原本是印度釋迦族（Sakya）的王子，當時的名字是喬達摩．悉達多。祂的母親摩耶夫人在夢見長著六支象牙的白象，從右腋進入自己體內後，便懷了悉達多。釋迦在二十九歲之前，以王子的身分在美麗的皇宮裡過著無拘無束的生活，但祂領悟到每個人的一生當中都會遇到「生老病死」這些苦難，便斷然拋下妻小出家了。

世人追溯釋迦的一生，從祂誕生、出家到覺悟為止，為每個階段製作了許多佛像。其中，以祂在出生時，手指著天說道「天上天下唯我獨尊」的故事最廣為流傳。右手指天的釋迦佛像，稱為「誕生佛」，被供奉在各地的寺廟。在「花祭」等為釋迦慶生的活動上，人們會在佛像上灌浴甘茶表示祝賀。

除此之外，還有許多不同的佛像，例如「摩耶夫人像」呈現釋迦從摩耶夫人的右腋下誕生的瞬間、「釋迦苦行像」表示釋迦修行時的模樣，還有手結「降魔印」、趕跑前來誘惑的惡魔的佛像。

釋迦誕生

釋迦作為印度釋迦族王子「喬達摩・悉達多」降生於世。其母摩耶夫人夢見長著六根象牙的白象進入自己的身體，隨後便懷了釋迦。

釋迦誕生時的光景

摩耶夫人像

呈現釋迦的母親摩耶夫人伸手欲摘下無憂樹的花朵時，釋迦從她的右腋下以合掌之姿出生的模樣。

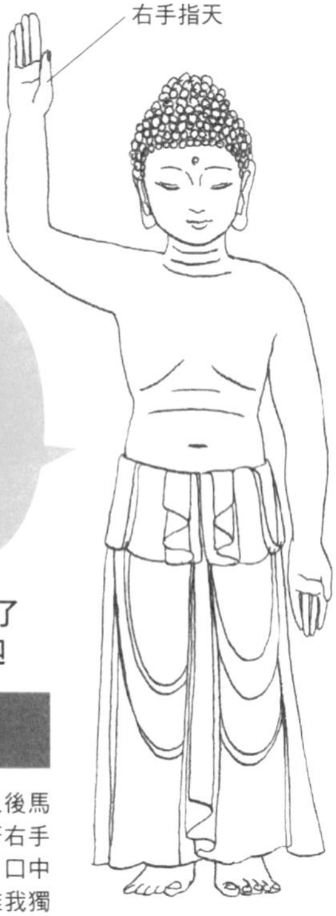

天上天下唯我獨尊

意思是「每個人都是世界上獨一無二的存在」

剛出生就走了七步的釋迦

誕生佛

據說釋迦在出生之後馬上走了七步，接著右手指天，左手指地，口中說道「天上天下唯我獨尊」。

出家

（29歲）

身為王子的釋迦，過著自由自在的生活，但當祂看見街上的老人、病患和亡者時，領悟到世上的每個人都有「生老病死」。祂苦惱了許久，最終拋下妻小、捨棄王子的身分，出家並展開嚴峻的修行。

修行時瘦骨嶙峋的釋迦

釋迦苦行像

釋迦靜坐了整整6年，期間幾乎不吃不喝。這樣的苦行讓祂瘦得只剩下皮包骨，卻還是無法頓悟。於是祂了解到，真理並不是靠這種極端的修行獲得的東西，最重要的應該是不受拘束的「中道」。

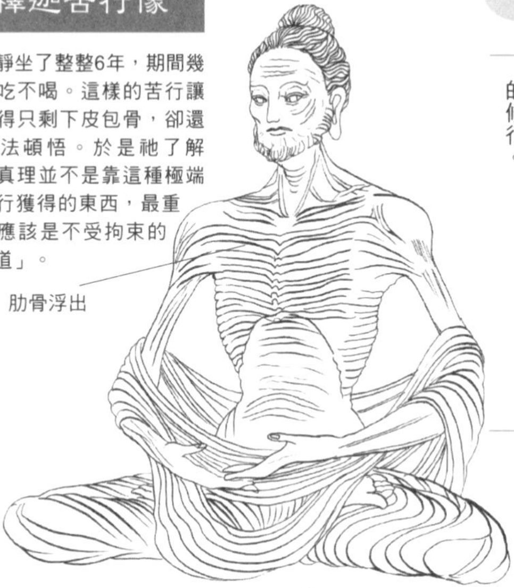

懲罰惡魔的釋迦

降魔釋迦像

覺悟之前，釋迦坐在菩提樹下，進入深度冥想。雖然出現了各式各樣的惡魔試圖干擾祂，卻全被祂擊退了。

降魔印

手指地面驅趕惡魔的手勢。或稱「降魔觸地印」。

覺悟

（35歲）

經過冥想，釋迦最終覺悟了除去造成人們痛苦的根源——迷惘的方法，成為佛陀（Buddha），也就是「覺悟之人」的意思。

終於覺悟成佛

釋迦如來坐像

覺悟後的釋迦像。經過梵天的勸說，決定向世人傳授佛教教義。

施無謂印
趕走聆聽佛法之人心中的恐懼。
與願印
傾聽世人的願望，象徵慈悲為懷。

入滅

（80歲）

到了八十歲，釋迦的腹痛不適。雖然祂仍繼續傳教的旅途，最後還是在拘尸那揭羅（Kuśi-nagara）的沙羅雙樹下，向右側躺了下來。

呈現釋迦之死

涅槃佛

向右側倒下，頭朝著北方，留給弟子們「萬物皆為諸行無常（即瞬息萬變之意）」這句話，結束了祂的一生。

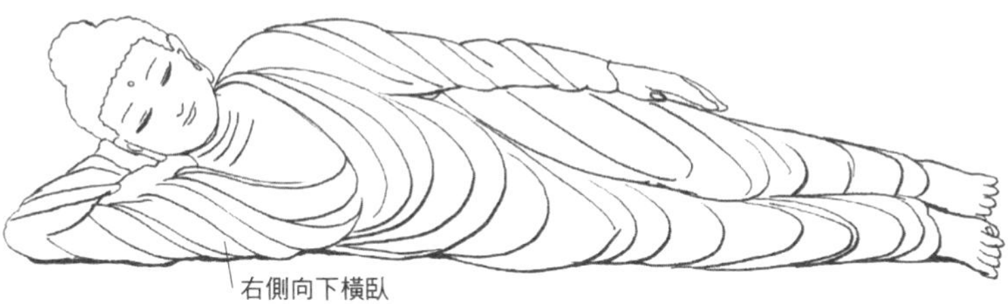
右側向下橫臥

佛像是如何出現的？

一開始，佛教是禁止偶像崇拜的

釋迦在生前禁止偶像崇拜。因此，釋迦的弟子們在祂入滅後建了一座塔（stūpa，窣堵坡），將釋迦的遺骨（佛舍利）安置其中，做為信仰的對象。另外，釋迦覺悟時所倚靠的菩提樹以及祂的足跡（佛足跡，又稱佛足石）等，這些具有象徵意義的東西也受到世人信奉。

然而，在釋迦圓寂經過五百～六百年後，希望能將釋迦做為祭拜對象的聲浪逐漸高漲。到了西元二世紀初，在犍陀羅地區與印度的馬圖拉開始出現了早期的佛像；也有一說，是因為見識過希臘、羅馬神像的人們皈依佛教，才開始建造佛像。於是，最初的釋迦如來像便誕生了。

後來，隨著大乘佛教（世人皆因信奉佛教而獲得救贖的思想）的傳布，開始出現擁有各種救世能力的如來、菩薩像。在七世紀，密教成立之後，還出現了明王，佛像也變得更加多元化。

在佛像出現以前

從崇拜佛舍利和佛足石發跡，
最終發展為以釋迦為範本造像。
（關於發展年代有諸多版本）

- 西元前約6世紀：釋迦誕生於印度。
- 釋迦八〇歲：入滅。
- 西元前約4世紀：世人開始祭拜存放佛舍利（釋迦遺骨）的塔。
- 2世紀初期：大乘佛教開始興盛，人們開始製作佛像。
- 6世紀：佛教傳入日本。
- 7世紀左右：密教在印度盛行，佛像開始多樣化。
- 9世紀：空海將密教傳入日本。

清涼寺式
釋迦如來

佛足石

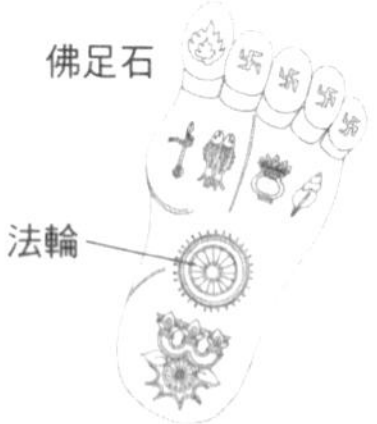

大日如來

窣堵坡

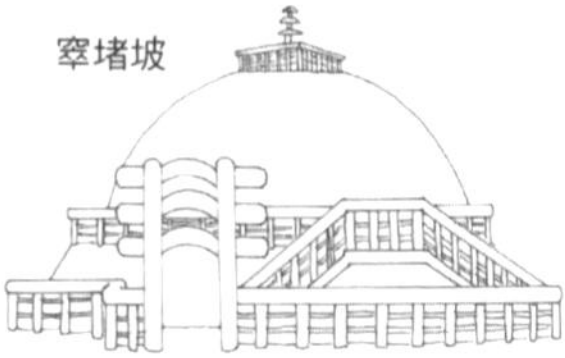

密教是由大乘佛教演化而來，依循密教的教義，誕生出各式各樣的佛像。宇宙中的絕對存在「大日如來」，以及祂的化身「明王」，便是其中的代表。這時的佛像動作鮮明活潑，樣式也充滿特色。

據說釋迦尚在世時，曾經出現臨摹祂的樣貌所製成的人像。相傳這尊像就是京都清涼寺裡的釋迦如來像，其髮型和五官都呈現印度風格。承襲這種型式的佛像被稱為「清涼寺式」。

一開始，人們祭拜的是存放釋迦遺骨（佛舍利）的塔（窣堵坡）、菩提樹，以及仿照釋迦腳底做成的佛足石。據說釋迦的腳底有法輪圖樣，佛足石即呈現出此一傳說。

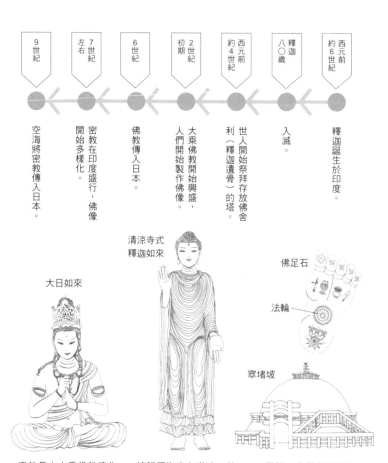

好，今天也要加油！
——咦!?
公司不見了!?
瞬間消失…
明明是這裡沒錯…
果然是我在做夢嗎？
取而代之出現的是…寺院？
哇～！

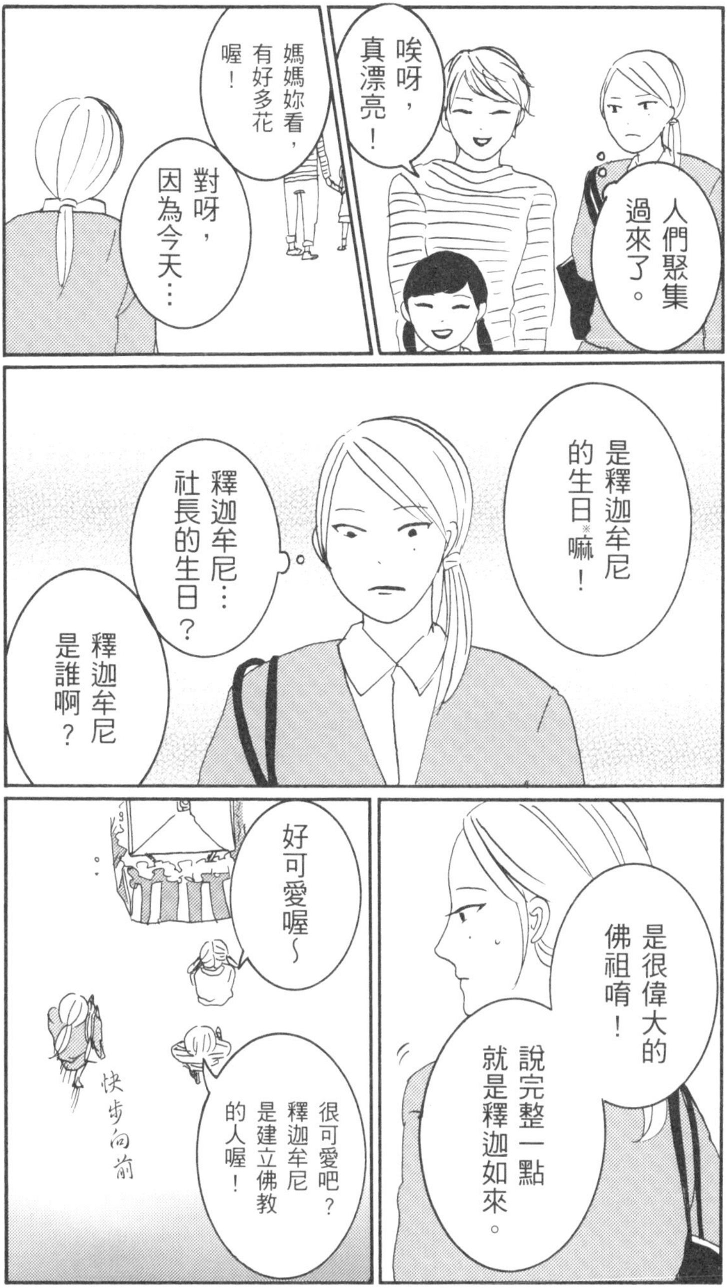

※4月8日。在日本會舉辦慶生儀式，以花裝飾供奉著誕生佛（P.181）的佛堂，並在佛像上面灌浴甘茶，稱為花祭。又稱佛誕、浴佛節。

妳好啊！
咦？
真可愛！
這是社長…？
笑臉盈盈
又見面了呢，知子小姐——
啊……
雖然那間公司可能只是一場夢，

釋迦牟尼卻是真的在這裡呢。
累的時候，
再來寺廟走走吧。
以後也請繼續保佑我。
社長，生日快樂。
我們會一直保佑妳的！
總之要先開始找工作⋯⋯!!
再度失業⋯⋯
— 完 —

認識自己生肖的「本命佛」

正 十二生肖各自的「本命佛」

如占星術裡每個星座都有守護星一樣，據說不同的生肖也有守護自己的本命佛。十二生肖各代表不同方位，總共八大方位。因此，守護生肖的「本命佛」並非十二位，而是八位。本命佛可以提升其對應生肖的運氣，相當於守護神。有機會的話，不妨找個地方參拜自己生肖的本命佛吧。另外，可以將寺廟等處販售的本命佛結緣品帶在身上或是裝飾在家裡，這樣感覺就更安心了呢。

參拜的時候，可以試著詠唱每尊佛的「真言」。所謂的真言，源自於古印度的梵文，據說類似能夠直接召喚出佛的咒語。由於重點在於其音，一般認為唸出聲音來會比較有效果。

十二生肖與本命佛的對照表

來認識自己生肖的「本命佛」吧。
唸出「真言」便能感受到祂就在你身邊！

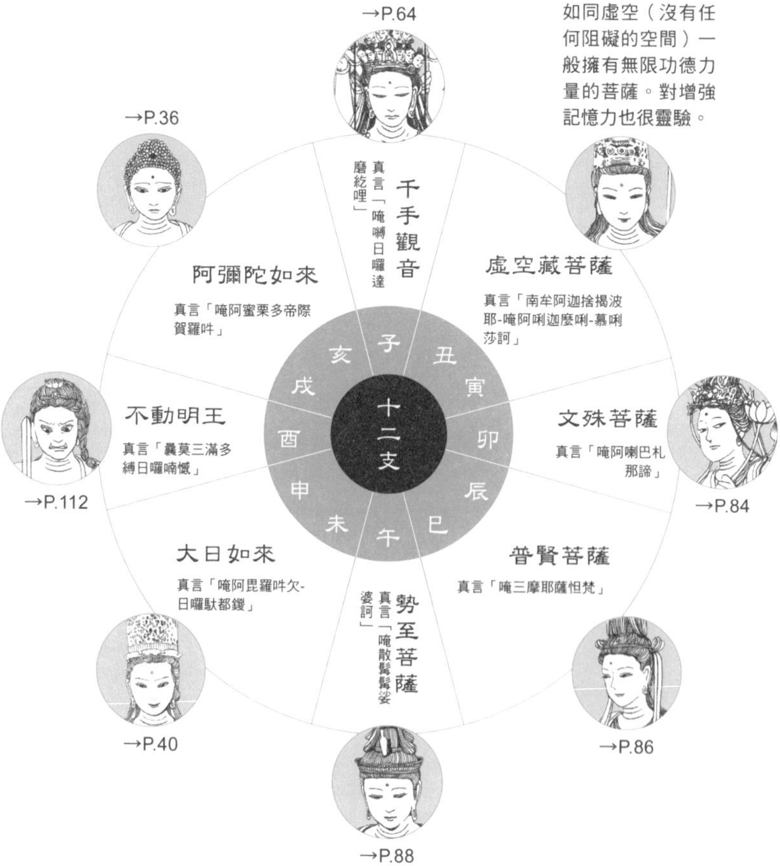
如同虛空（沒有任何阻礙的空間）一般擁有無限功德力量的菩薩。對增強記憶力也很靈驗。
十二支
子
丑
寅
卯
辰
巳
午
未
申
酉
戌
亥
千手觀音
真言「唵嚩日囉達磨紇哩」
→P.64
虛空藏菩薩
真言「南牟阿迦捨揭波耶-唵阿唎迦麼唎-慕唎莎訶」
文殊菩薩
真言「唵阿喇巴札那諦」
→P.84
普賢菩薩
真言「唵三摩耶薩怛梵」
→P.86
勢至菩薩
真言「唵散髯髯娑婆訶」
→P.88
大日如來
真言「唵阿毘羅吽欠-日囉馱都鑁」
→P.40
不動明王
真言「曩莫三滿多縛日囉喃憾」
→P.112
阿彌陀如來
真言「唵阿蜜栗多帝際賀羅吽」
→P.36

※不同寺廟或宗派的真言可能不太一樣，上圖僅為其中一例。有些寺廟會在佛像前方附上真言，這時就依照寺廟提供的真言來唸誦吧。

可以看到佛像的地方

6

福島

簡樸的陸奧國佛像

平安時代，一位名為德一的法相宗高僧，離開了奈良，來到福島的會津傳播佛教。因此保留了許多寺廟及佛像，特別是在會津地區。

願成寺的阿彌陀三尊像，是鎌倉時代的作品。中間的「阿彌陀如來坐像」身長丈六（約2.4公尺），是非常巨大的佛像，被稱為「會津大佛」。在祂的光背上綴有一千尊化佛（小型如來像）。

另外，勝常寺的「藥師如來坐像及兩脇侍立像」是福島唯一的國寶佛像，與宮城縣雙林寺以及岩手縣黑石寺的藥師如來像，併稱「東北三大藥師」。這些佛像都是平安時代的作品，呈現出陸奧國佛像的發展盛況。

有許多寺廟需要事先預約，參觀之前要特別留意。

知名的寺廟＆佛像

- 勝常寺「藥師如來坐像及兩脇侍立像」
- 願成寺「阿彌陀如來坐像（會津大佛）」
- 大藏寺「千手觀音菩薩立像」

第七章

佛像百百種

【 Kosei-yutakana-Butsuzo 】

為什麼有這麼多種造型呢？

展現各種不同的救世之姿

在大乘佛教逐漸興盛之後，依照每尊佛不同的職責與功德力量，世人開始製作各式各樣的佛像。平安時代，隨著密教傳入，明王等有著多種樣貌的佛像也開始出現。其中也有許多特徵鮮明的佛像，如今僅存一尊或極少數。為什麼祂們會有這樣的樣貌呢？若能將這些故事背景一併記下來的話，參觀時會覺得更加有趣。

例如因為思考得太久、不小心讓螺髮變成像爆炸頭一樣的「五劫思惟阿彌陀」；一邊在前方引導、一邊回頭望向隨後者的「回首阿彌陀」；能燒盡不潔之物的廁所之神「烏樞沙摩明王」，特徵是舉起一隻腳的奇特姿勢；此外，還有像是能吃掉毒蛇的孔雀一樣、能夠驅除禍害的「孔雀明王」等等。

每尊佛像的外貌都有其背後的涵義。如果能夠先了解這些涵義再參觀佛像，除了覺得很奇特之外，還能夠發現祂們其實是呈現著各種救世姿態。

如來

五劫思惟阿彌陀

不小心讓螺髮長太長了

大大的螺髮
昨天也沒辦法去髮廊……
結著定印的手藏在衣服底下

216億年來不斷思考著救世的問題

阿彌陀如來還是菩薩的時候，在長達五劫的時間裡，不停思考拯救世人的問題，結果不小心讓頭髮長得太長了。

所謂的「一劫」，是指仙女每一百年一次，來到一塊長寬高各7公里的大石頭上，用羽衣輕輕一擦，不斷重複直到將這塊石頭磨光所需的時間。而「五劫」便是它的五倍，表示非常長的一段時間。

供奉寺廟

京都　金戒光明寺
奈良　東大寺　等

如來

回首阿彌陀

回頭確認後方

轉頭向後看
有好好跟上嗎？

在前方引導的阿彌陀如來

據說在平安時代，一位名為永觀的高僧邊走邊唸佛的時候，阿彌陀如來從須彌壇上一躍而下，開始走在永觀前面引導他。甚至傳說當時阿彌陀如來還越過左肩往後回頭對他說：「永觀，太慢了。」

呈現出阿彌陀如來為隨後者著想的體貼與慈悲之心。

供奉寺廟

京都　禪林寺永觀堂　等

如來

清涼寺式釋迦如來

別擔心，
語言不是問題

日本的信眾，
コンニチハ
（大家好）。

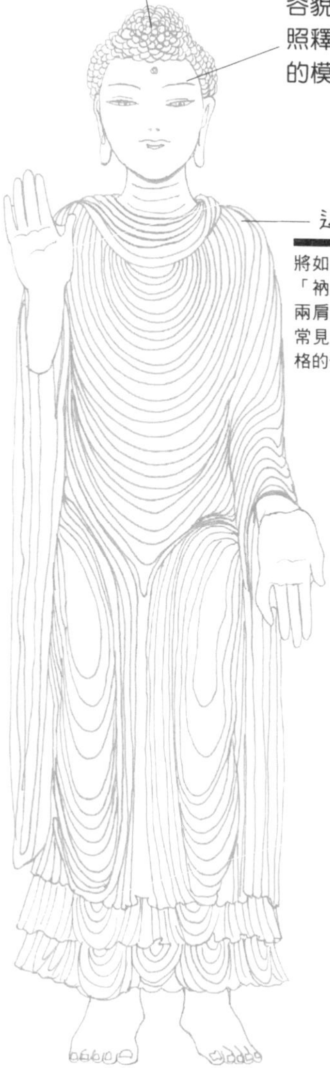
像繩結一樣的髮型
容貌也是仿照釋迦生前的模樣製作
通肩
將如來的服裝「衲衣」遮住兩肩的穿法。常見於印度風格的佛像。

仿照來自印度的佛像

這樣印度人樣貌的釋迦，被認為更貼近釋迦本人的長相。據說在釋迦生前就有以其為原型打造的印度佛像，此佛像便是參考印度佛像製作的。特徵是像繩子糾纏在一起髮型，以及像外國人一般的臉孔。

佛像的身體裡面，裝有模擬釋迦五臟六腑的絲綢製品，又被稱為「生身釋迦如來」。

供奉寺廟

京都　清涼寺　等

菩薩

雲中供養菩薩

好像很開心的樣子

跳舞的模樣

菩薩乘著雲朵飛天，踩著舞步來迎。另外也有拿著各種樂器、演奏華麗樂音的菩薩。在前往極樂淨土的路上，為生前積滿陰德的人演奏。

雲座

拖著長長尾巴的雲朵造型台座。呈現菩薩乘著鮮豔的五色雲前往來迎（將亡者迎往極樂淨土）的模樣。

單膝下跪

為了抵達時能夠隨時起身，豎起單膝的預備姿勢。

捧著蓮台的姿勢

手裡捧著能夠盛裝亡者靈魂的蓮花台。

跟隨阿彌陀如來來迎

人類死後，阿彌陀如來和菩薩們會一同前來，將亡者迎接到極樂淨土。而在旅途中為亡者演奏的就是菩薩。

所謂的雲中供養菩薩，表現的是眾多菩薩乘著雲朵，或演奏樂器、或隨著音樂起舞，壯觀華麗的來迎風景。菩薩手裡捧著的蓮台，是用來盛裝亡者靈魂的道具。

供奉寺廟

京都　平等院鳳凰堂

明王

烏樞沙摩明王

今天也抬著一隻腳

右手高高舉起
倒豎的頭髮
我的平衡感是明王界第一！
單腳抬起
手抓著腳的罕見姿勢

淨化廁所裡的「髒東西」

明王可以燒盡不潔之物，因此常被供奉為廁所這種不淨之處的守護神。多為抬起一隻腳的特殊姿勢，手持戟或寶棒等武器。頭髮像火焰一般豎起，臉上掛著忿怒的表情。

在靜岡縣可睡齋的廁所內就供有大型的烏樞沙摩明王像，監視著來往人群。

供奉寺廟

富山　瑞龍寺

靜岡　可睡齋　等

明王

孔雀明王

雖為明王
卻很溫和

孔雀的尾羽
即光背
手持孔雀羽毛
沉穩的表情
孔雀乖喔。
台座為孔雀
悉聽吩咐。

驅除疾病或災害

臉上掛著如菩薩般慈悲表情的明王，在明王當中難得一見。坐在孔雀背上的蓮華座，光背是孔雀的尾羽。手持孔雀羽毛或蓮花等物。

孔雀明王像能夠吃掉毒蛇的孔雀一樣，趕走煩惱、病痛等各種禍害。同時也能保佑健康及長壽。

供奉寺廟

和歌山　高野山金剛峯寺
奈良　正曆寺　等

菩薩

楊貴妃觀音

女性的憧憬

美容相關的問題都可以問我唷！
華麗的寶冠
像上過妝一樣的精緻臉龐
纖瘦的體型

比擬楊貴妃的美貌

從中國傳入的美麗聖觀音像。祂的美貌讓世人稱之為「楊貴妃觀音」，也是廣為人知、能祈求變漂亮的佛像。

值得注意的還有像是上了妝一樣的面容。眉毛好似兩把長弓一般劃開，眼窩處的眼影也用得恰到好處，而紅色口紅是畫龍點睛。據說有許多從事美容相關工作的前來參拜。

供奉寺廟

京都　泉涌寺

天部

奔跑大黑天
（走り大黑）

向前奔跑的樣子

賜予人跨出第一步的勇氣

　呈現像是準備起跑、左腳向前踏出一步的姿勢。七福神之一的大黑天，眉頭深鎖，表情嚴肅，背上還背著一個大袋子，看起來就像為了盡早將福氣送給世人而奔走的模樣。

　因為是能夠給予人跨出第一步的勇氣的佛，據說還能保佑結緣。

供奉寺廟

京都　泉涌寺別院・雲龍院

可以看到佛像的地方

7

國東半島（大分）

滿坑滿谷的石佛＆磨崖佛

以石頭刻製而成的佛像稱為「石佛」。其中，直接刻在崖壁等大片岩石上的佛像，叫做「磨崖佛」。大分縣，尤其在國東半島地區，能夠看到非常多石佛。

例如「熊野磨崖佛」刻有8公尺高的不動明王和6.7公尺高的大日如來，以及位於天念寺前方的河裡的大石塊上，刻著不動三尊的「川中不動」。

這裡還有一個特徵，就是在許多寺廟的山門，還能夠看到他處少見的石造仁王像。要注意的是，因為國東半島多為山地，即使開車前往，某些地方還是要靠步行才能到達。

此外，雖然不是石佛，但是在真木大堂也有許多歷史悠久的佛像。例如平安時代建造的大威德明王像，高165.3公分，是全日本同類型的佛像當中最高的。

知名的寺廟＆佛像

- 磨崖佛「熊野磨崖佛」「大門坊磨崖佛」「川中不動」
- 石佛．兩子寺「仁王像」
- 石佛．東光寺「五百羅漢」
- 真木大堂「大威德明王像」

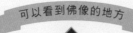

第八章

還想知道更多！

佛像豆知識

【工法】

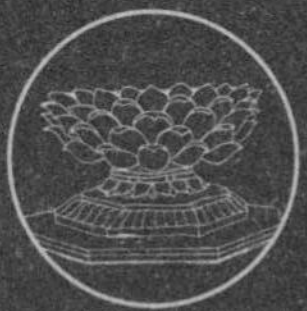

【台座】

【光背】

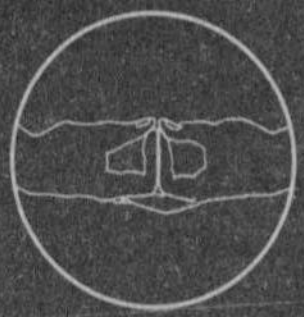

【印相】

【手持物】

【髮型】

佛像大集合

01

髮型

比方說，看到螺髮就知道是如來，向上紮起的就是菩薩。從髮型就能夠分辨出佛像。

螺髮

每根頭髮像漩渦般捲起，變成類似電棒燙的髮型。頭頂一處隆起成肉髻，上面有時會有稱為肉髻珠的紅色珠子。

主要佛像

如來

剃髮

剃光頭髮。是僧侶以及做僧侶打扮的地藏菩薩的髮型。

主要佛像

地藏菩薩、羅漢．高僧

焰髮

好比隨風揚起的火焰般倒豎的髮型。擁有這種髮型的佛像大多呈現忿怒相（生氣的表情）。

主要佛像

明王（一部分除外）、馬頭觀音、十二神將．八部眾．二十八部眾的部分成員

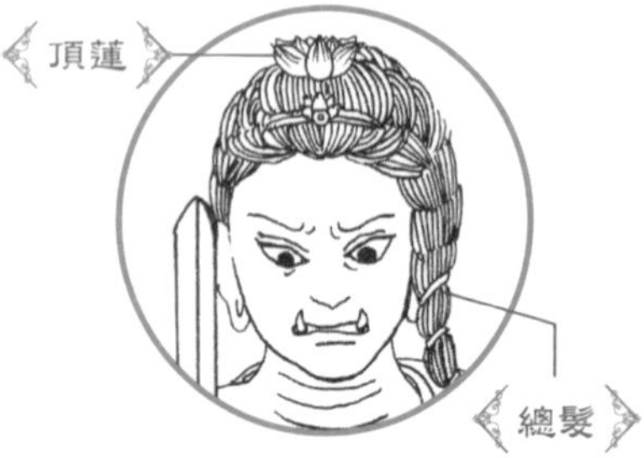

辮髮

將所有頭髮綁成一束，垂在左耳前方的髮型。垂下來綁成三股辮的部分即為辮髮。有時頭上還會戴著蓮花。

主要佛像

不動明王

二髻 將頭髮綁成兩把。可見於童子等像。又稱雙髻。

一髻 將頭髮在頭頂上綁成一束，用繩子固定。又稱單髻。

寶髻

頭髮向上綁在頭頂的髮型。除了一髻之外，還有許多不同的綁法。

主要佛像

菩薩、天部、童子、大日如來

五髻 將頭髮綁成五把。常見於童子及文殊菩薩。還有六髻、八髻等髮型。

垂髻 將頭髮整理成一把，用繩子固定住兩個地方後，讓頭髮自然垂落成好幾束。

佛像大集合

02

印相

手勢。每個印相的涵義都不一樣，代表每尊佛的職責。從印相也可以辨別出佛像的種類。

施無畏印

緩和人的緊張情緒，像是在說「沒有什麼足以畏懼」。

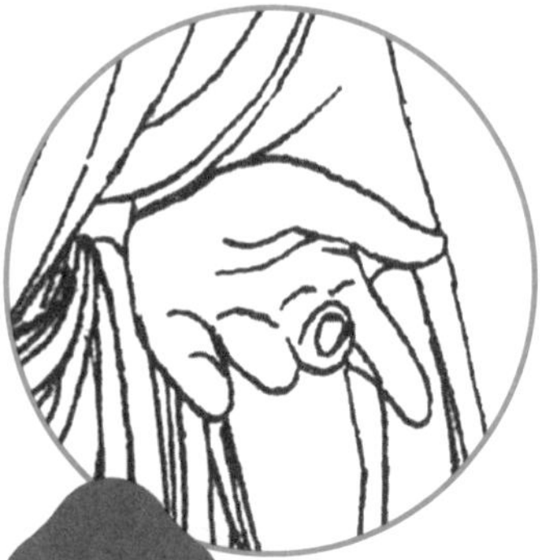

與願印

「我遂汝願」之意，表示傾聽世人的願望。

主要佛像

如來、菩薩、天部、高僧

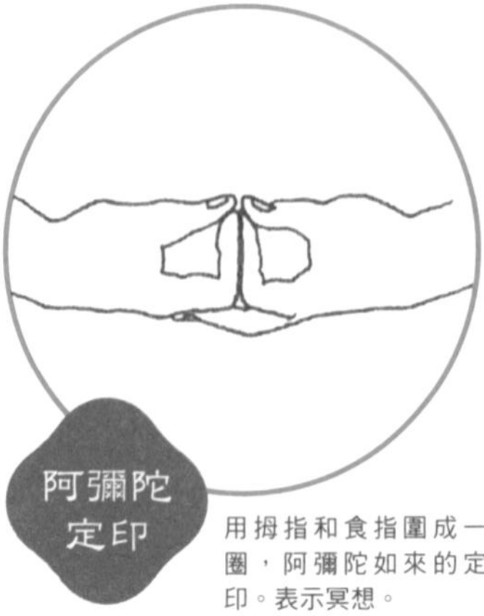

阿彌陀定印

用拇指和食指圍成一圈，阿彌陀如來的定印。表示冥想。

主要佛像

阿彌陀如來

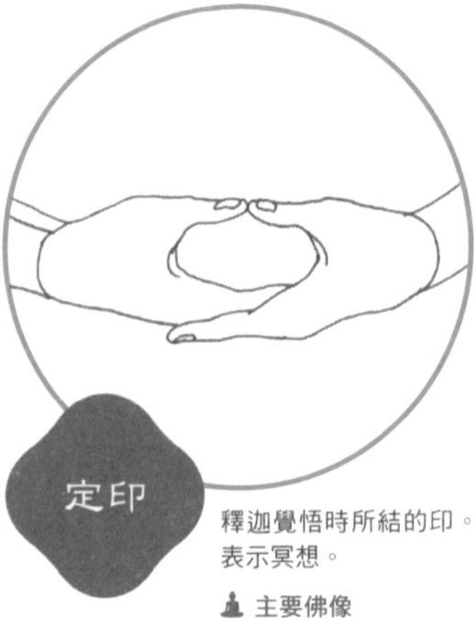

定印

釋迦覺悟時所結的印。表示冥想。

主要佛像

如來

來迎印

阿彌陀如來將人迎往極樂淨土時結的印。

主要佛像

阿彌陀如來

降魔印

釋迦修行時，手指向地面趕走惡魔的手勢。又稱降魔觸地印。

主要佛像

釋迦如來

合掌印

表示自己與佛合而為一的印相。常見於菩薩和高僧。

主要佛像

菩薩、明王、天部、童子、羅漢・高僧

智拳印

大日如來在「金剛界」，也就是充滿其智慧的世界裡所結的印。

主要佛像

大日如來（金剛界）

說法印

釋迦向世人闡述佛法時的手勢，要人們注意聽祂說話。

主要佛像

如來

佛像大集合

03

服裝

如來或菩薩這些佛像，身上穿的衣服依種類而異。從服裝也能看出佛像的背景。

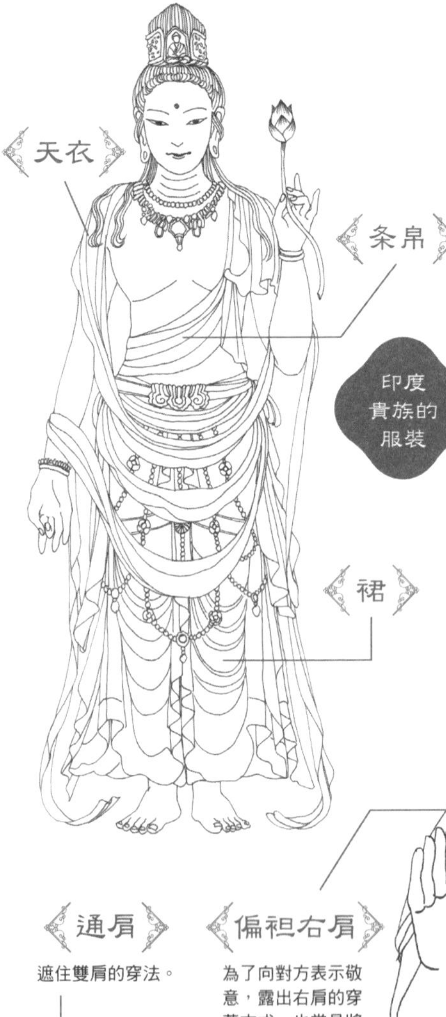

印度貴族的服裝

王子時期的釋迦所穿著的服裝。基本的裝扮有掛在肩上、像是披肩一樣的天衣；纏在上半身的条帛；圍在腰上的裙。条帛和裙也可在明王身上看到。珠光寶氣的佩飾也是其特徵。

主要佛像

菩薩、大日如來

通肩

遮住雙肩的穿法。

偏袒右肩

為了向對方表示敬意，露出右肩的穿著方式。也常見將多出來的布半掩住肩膀的穿法。

衲衣

呈現釋迦修行時，身上只圍著簡單的布的裝扮。

主要佛像

菩薩、大日如來

中國風服飾

梵天、帝釋天等歷史久遠的佛像，多穿著中國風的服飾。而福德女神・吉祥天身上華麗的衣服和飾品更是引人注目。

主要佛像

梵天、帝釋天、四天王、吉祥天、弁才天

袈裟・法衣

釋迦的弟子「羅漢」大多身著袈裟，而高僧則穿著法衣，是僧侶的基本服裝。

主要佛像

羅漢・高僧

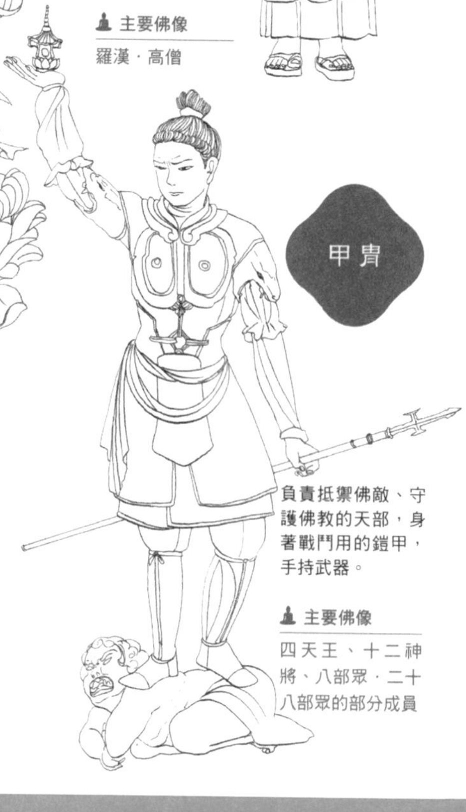

甲冑

負責抵禦佛敵、守護佛教的天部，身著戰鬥用的鎧甲，手持武器。

主要佛像

四天王、十二神將、八部眾・二十八部眾的部分成員

佛像大集合

04

手持物

佛像手裡拿著各種物品，每件物品都有不同的涵義，例如實現願望等。

藥壺

主要佛像

藥師如來

裝有治病良藥的壺。是如來為數不多的手持物之一。

水瓶

主要佛像

聖觀音、十一面觀音、勢至菩薩

裝有實現願望的「功德水」的瓶子。

蓮花

自淤泥中綻放的美麗花朵，象徵清淨。

主要佛像

聖觀音、十一面觀音

法輪

主要佛像

如意輪觀音

可以滾到任何地方粉碎煩惱。

拂子

主要佛像

梵天

原是用來驅趕蚊蟲的道具。能夠驅除障礙。

寶珠

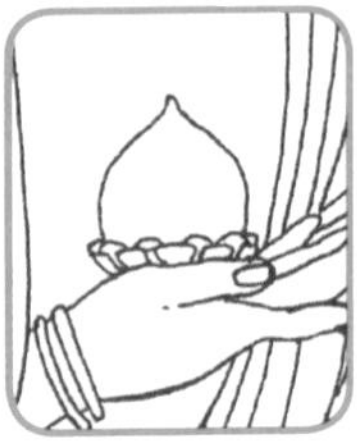

主要佛像

如意輪觀音、地藏菩薩

可以實現願望的珠子。又稱如意寶珠。

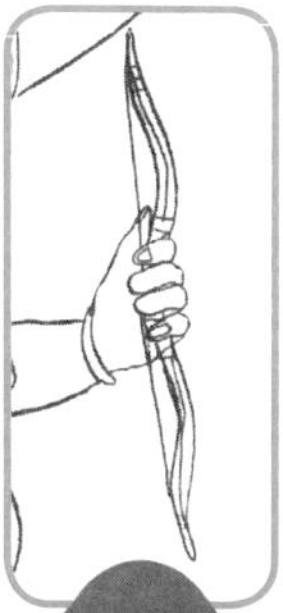

弓

用來和佛敵戰鬥的武器。另一手拿著箭矢。

主要佛像

愛染明王

錫杖

最上面裝了圓環，敲在地上會發出聲響的法器。

主要佛像

地藏菩薩

戟

與佛敵戰鬥用的武器。

主要佛像

明王、天部

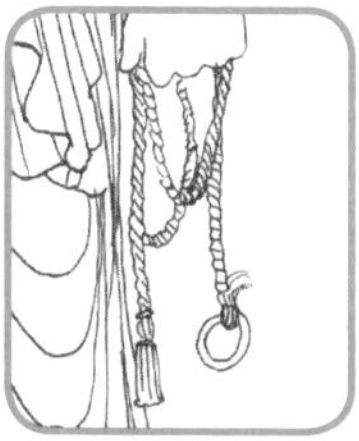

羂索

主要佛像

不空羂索觀音、不動明王

套索。拋出繩索拯救所有人。

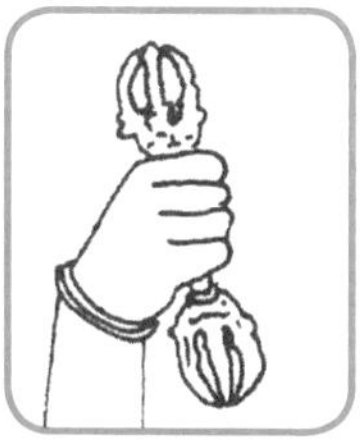

金剛杵

主要佛像

明王、天部

古印度使用的武器，也是密教的法器。有各種造型。

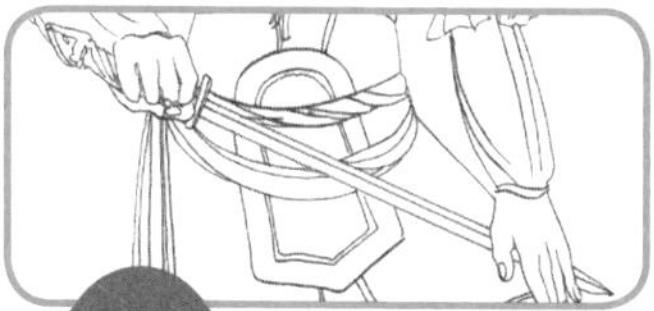

劍

斬斷迷惘和煩惱。如果拿在文殊菩薩手裡則代表智慧。

主要佛像

文殊菩薩、明王、天部

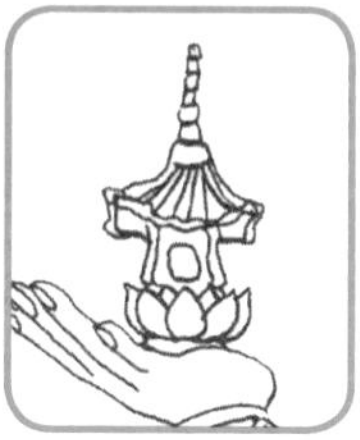

寶塔

主要佛像

多聞天（毘沙門天）

放有佛舍利（釋迦遺骨）的塔。

佛像大集合

05

台座

佛像乘坐的底座。以如來或菩薩的蓮華座為基本樣式。其他各式台座各有不同涵義。

蓮華座

出淤泥而不染的蓮花，象徵不受煩惱所干擾的心。

須彌座

如來特有的台座，象徵聳立於世界中心的「須彌山」。

裳懸座

呈現佛像腰上圍著的布、也就是「裳（裙）」垂在須彌座前面的模樣。

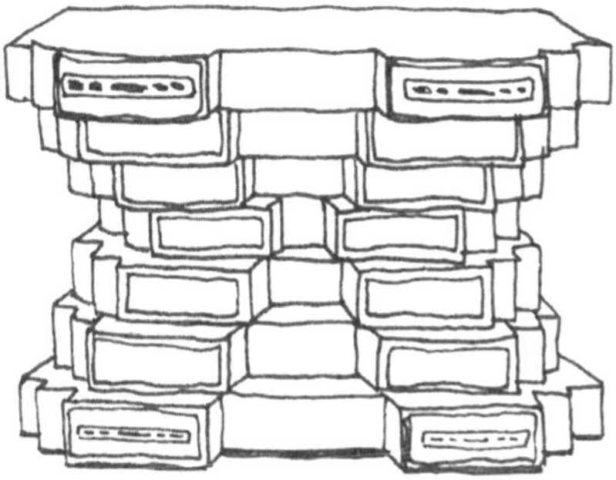

瑟瑟座

不動明王特有的台座，看起來像是層層堆疊的石頭。

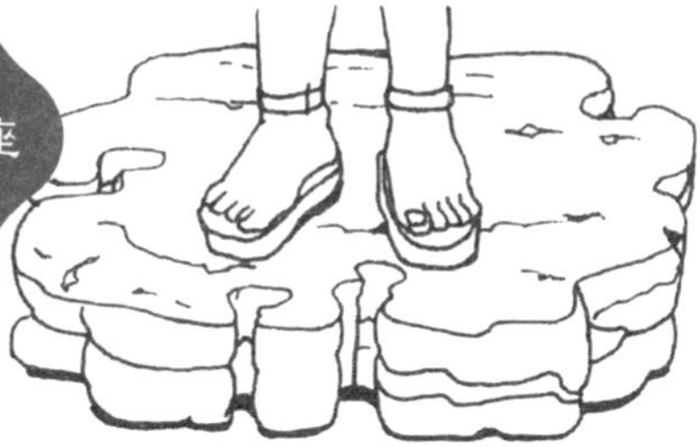

洲濱座

表現岸邊受海浪拍打的岩石造型台座。知名的例如興福寺的阿修羅像及羅漢像。

岩座

仿造大自然的岩石造型的台座。主要可見於明王和十二神將。

雲座

來迎之際佛乘在雲上的蓮花座中飛行。

佛像大集合

06

活生生的台座

包含動物、偉大的神明或是被降伏的邪鬼。菩薩、明王或天部的台座。

神明

降三世明王腳底踩著印度的至高神·濕婆和祂的妻子。有些毘沙門天像則踩著將大地神格化的「地天女」。

主要佛像

降三世明王、毘沙門天

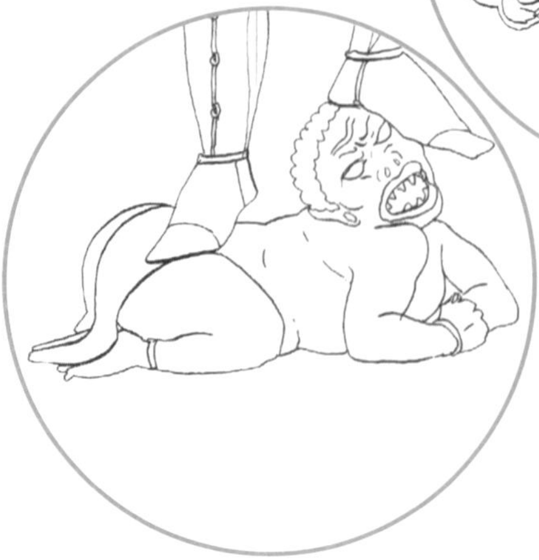

邪鬼

被踩在腳下的邪鬼，據說原本是威脅佛教的鬼，但是在遭到降伏之後改過自新，自願成為台座。

主要佛像

四天王

象

白色大象。普賢菩薩的台座是有著六根長牙的大象。

主要佛像

普賢菩薩、密教派的帝釋天

水牛

能夠在泥濘中行走，帶有可以自由來去世界各地之意。

主要佛像

大威德明王

獅子

萬獸之王。菩薩乘坐在獅子背上的蓮華座中。

主要佛像

文殊菩薩

孔雀

孔雀被稱為食蛇鳥，是孔雀明王特有的台座。

主要佛像

孔雀明王

鵝

由數隻鵝一起支撐佛像。常見的就是梵天像下方以四隻鵝組成的台座。

主要佛像

密教派的梵天

佛像大集合

07

光背

正如同「佛光普照」所描述的，表現出佛金光閃閃的身軀。也就是「如來三十二相」裡的「丈光相」。

從佛的頭部發光

頭光

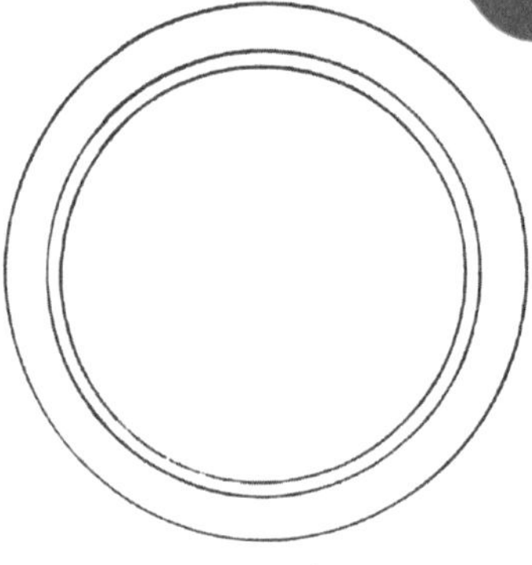

輪光

圓環形的光背。除了菩薩之外，也常見於天部。

圓光

圓盤形的光背，上面裝飾著花紋。多見於早期的佛像。

寶珠光

尖端突起、像寶珠形狀的光背。常見於菩薩。

放射光

呈現出從圓光後面綻放出放射狀光芒的模樣。

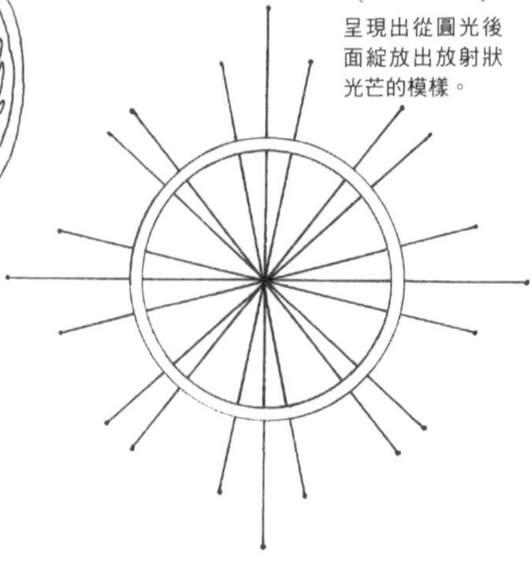

結合頭光與身光

舉身光

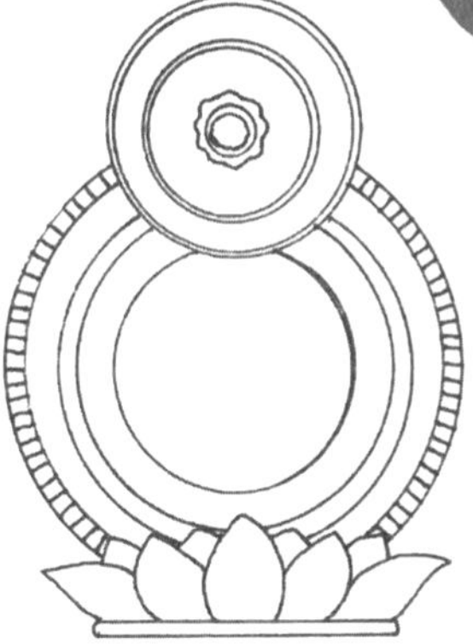

二重圓光

由頭光和身光（身體發出的光芒）兩個圓光結合而成的光背。

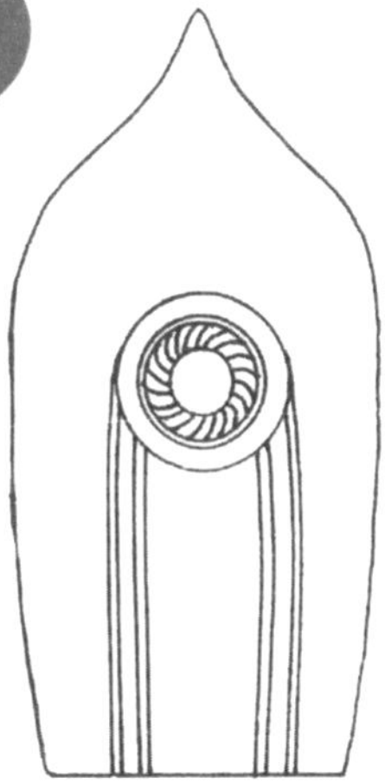

舟形光

船隻造型的光背。也有人說是蓮花花瓣的形狀。

飛天光

二重圓光的外面圍著飛天（注：即天人、天女），光背的邊緣由天衣相連而成。

火焰光

表現出火焰熊熊燃燒的模樣。常見於不動明王等明王像。

佛像大集合

08

坐姿

佛像的坐姿種類繁多。除了基本的結跏趺坐，腳的姿勢五花八門。

結跏趺坐

右腳靠外側

吉祥坐

左腳靠外側

降魔坐

佛的基本坐姿。雙腳盤起，將兩邊的腳掌放到另一側的大腿上。坐禪時的坐姿。

主要佛像

如來、菩薩、明王

半跏趺坐

比結跏趺坐稍微放鬆的坐姿，只把左右腳的其中一隻放在另一側大腿上。常見於菩薩。

半跏踏下坐

坐在像是椅子的地方，將右腳盤起，放在左腳上的坐姿。

主要佛像

文殊菩薩、彌勒菩薩

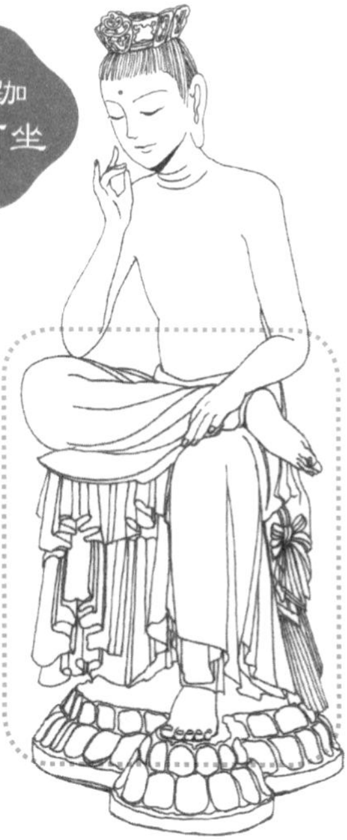

輪王座

單膝豎起，將兩隻腳底貼合的坐姿。是如意輪觀音的基本坐姿。

主要佛像

如意輪觀音

跪坐（大和座）

像正坐一樣雙膝跪坐，臀部稍微抬起。可見於阿彌陀三尊裡做為脅侍的菩薩。

主要佛像

勢至菩薩、觀音菩薩

佛像大集合

09

站姿

一般都是像如來或菩薩那樣雙腳併攏的站姿。不過仔細觀察佛像的腳邊，其實很有意思。

赤腳站立

除了雙腳靠攏的站姿外，也有踏出其中一隻腳，準備出發救人的姿態。

主要佛像

如來、菩薩

往前踏出一步

為了要拯救世人，踏出一步，表現正在奔走的樣子。向上抬起的腳趾更能呈現佛像動作的真實感。

主要佛像

「奔跑大黑天」

跳舞

為了將亡者領往極樂淨土，踏著舞步、跟隨阿彌陀如來進行來迎。在前往淨土的旅途中表演舞蹈。

主要佛像

「雲中供養菩薩」、二十五菩薩

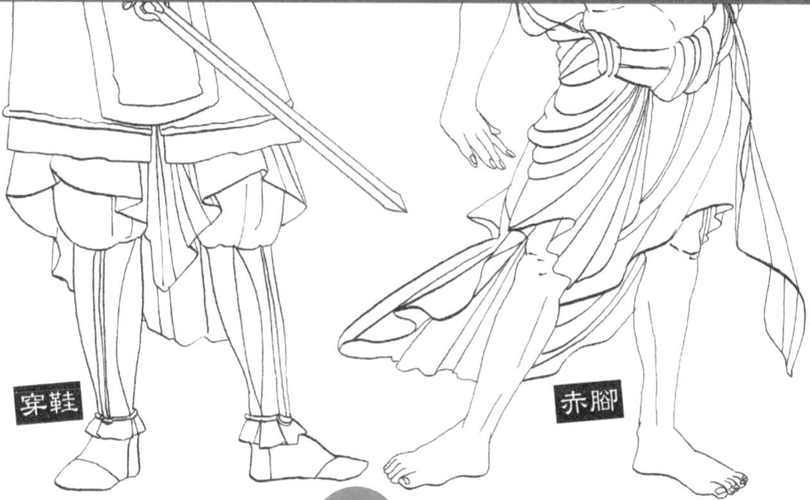

備戰姿勢

雙腳踏穩，像是要與敵人交鋒一般呈現備戰狀態。明王多為赤腳，天部則穿著鞋子。

主要佛像

明王、天部

單腳站立

烏樞沙摩明王和呈現從天而降之姿的藏王權現都是單腳站立。用手抬著腳的姿勢非常少見。

主要佛像

烏樞沙摩明王、藏王權現

離開山林

呈現經歷嚴苛修行的釋迦準備步出山林的模樣。撐著拐杖行走。

主要佛像

「出山釋迦立像」

佛像大集合

10

大小

基本的大小是「丈六」（約4.85m），據說為釋迦的實際身高。高於丈六的佛稱為大佛。

大佛

尺寸超過丈六的巨大佛像

要建造巨大的佛像，就技術上來說非常困難，世俗認為大佛的功德力量就像佛像一樣那麼大。代表性的大佛為東大寺的「奈良大佛」，是體現佛教教義的盧舍那佛。

手掌長度
2.56公尺
高度（坐高）
14.98公尺
寬12.08公尺

※此為東大寺「奈良大佛」的尺寸。

根據釋迦身高製成的佛像

傳說釋迦的身高為一丈六尺（約為4.85m），簡稱「丈六」，佛像的高度便是以此為基準。大部分的佛像是以丈六或二分之一（半丈六）的尺寸製作。而丈六像的坐姿坐高則是丈六的一半，大約八尺（約等於2.43m）。

「丈六」立像

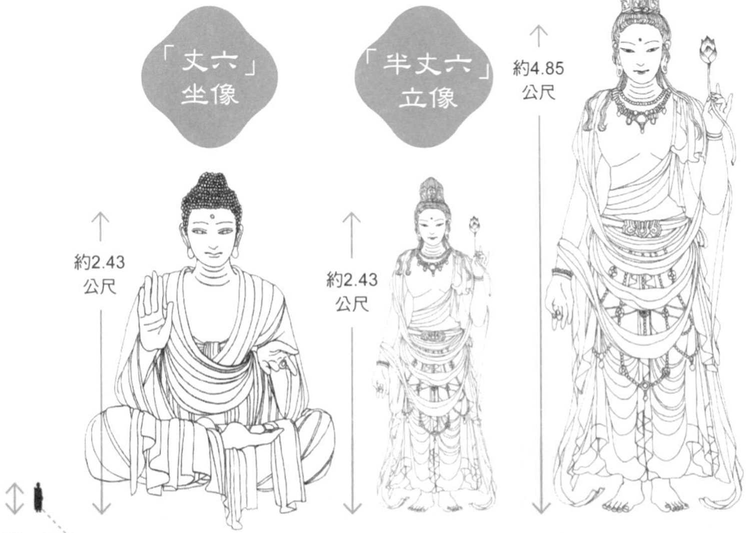
「丈六」坐像
「半丈六」立像
約4.85
公尺
約2.43
公尺
約2.43
公尺
40～45
公分

念持佛

當作個人護身符的佛像

當權者等用於私人祭拜的小型佛像。高度以40～50公分居多，被收納在廚子（佛龕）等處。也有能夠隨身攜帶的迷你佛像，只有幾公分高、能夠握在掌心裡。

金銅佛・塑像

主要製作年代

飛鳥～奈良時代

佛像在飛鳥時代傳入日本，當時所製作的佛像多為銅製的金銅佛，以及用黏土做成的塑像。

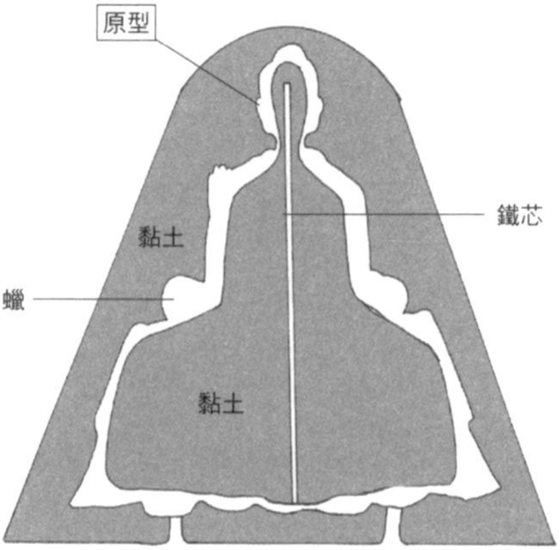

1 以黏土包覆鐵芯做為基底，在上面塗上蠟製成原型，並在原型外面再包上一層黏土。

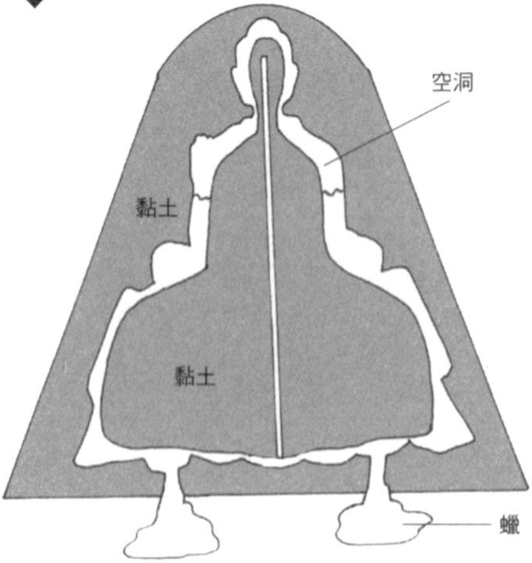

2 放入窯中燒製。蠟遇熱會融化流出，原本蠟所在的部分便形成空洞。

以銅＋鍍金製成的

金銅佛

特徵

以銅鑄造，再加以鍍金製成的佛像。表面閃爍著金黃色的光輝，堅固且耐久性強，但所需的技術和造價也比較高。

代表佛像

法隆寺金堂
釋迦三尊像

黏土製的

塑像

特徵

用黏土做成的佛像。可以做得更精緻，成本也比較低。缺點是容易損壞、比較重。

代表佛像

東大寺戒壇堂　四天王立像

1

在木芯纏上繩子等物做成骨架。

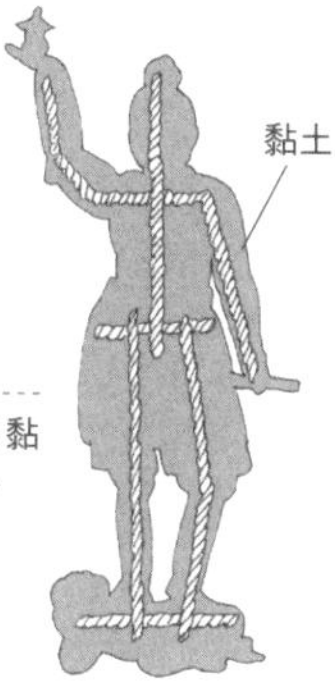

2

在骨架上覆蓋黏土，加以塑形。

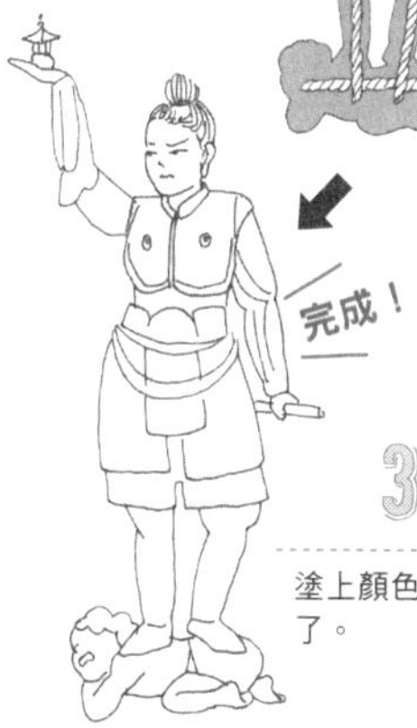

3

塗上顏色便完成了。

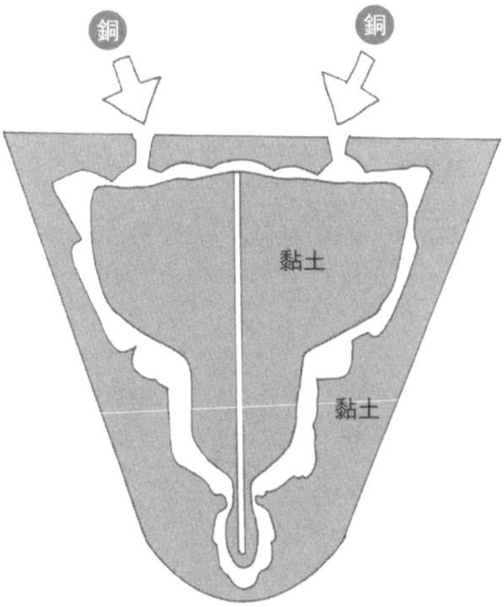

3

將青銅（混合鉛或錫的銅）注入空洞內。

4

去除中間的黏土，將銅像表面打磨、鍍金後便大功告成。

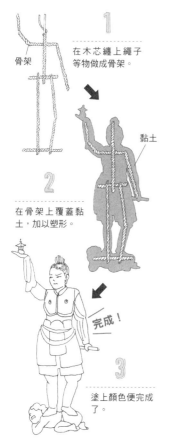

各式各樣的工法

2

乾漆像

主要製作年代

奈良時代

到了奈良時代，將漆乾燥固化的乾漆像成為主流。主要分為兩種工法。

漆製且中空的

脫胎乾漆像

特徵

質感滑順，在質量上的表現相當優異。內部中空，易於搬運。但因為要用到昂貴的漆，所費不貲。

代表佛像

興福寺國寶館
阿修羅像

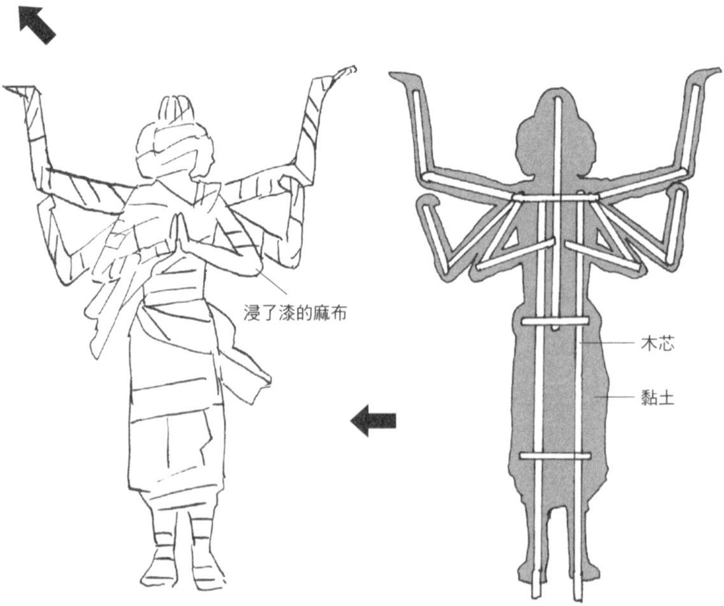

1

以木芯為骨架，並在外側加上黏土，製成原型。

2

原型外面再貼上好幾層泡過漆的麻布，之後將其完全風乾。

在木頭上塗漆的

木心乾漆像

特徵

與脫胎乾漆像相比，製作程序和消耗的漆量都比較少。由於內部沒有挖空，重量較重，搬運不易。

代表佛像

聖林寺　十一面觀音立像

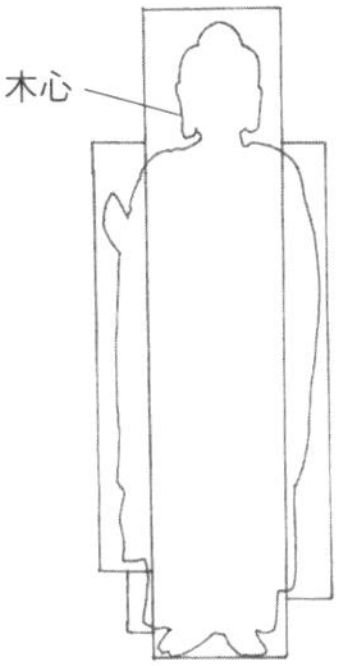

1

在木頭上刻出佛像大略的形狀（木心）。

2

在原型上貼滿大量浸了漆的麻布。

3

覆上泥狀漆並做出細部造型之後，塗上顏色。

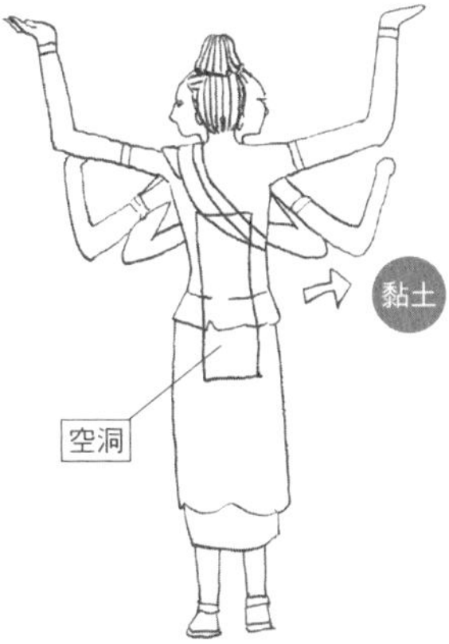

3

在佛像背面開一個洞，挖出黏土之後放入新的木芯，再把洞填上。

4

表面以混有木屑等物的泥狀漆（木屎漆）修飾，再貼上金箔或上色便完成了。

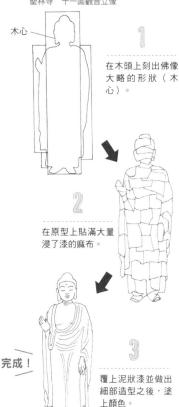

木像

主要製作年代

飛鳥～鎌倉時代

日本擁有得天獨厚的優良木材，自古便開始製作木造佛像。到平安時代前期為止的主流工法為「一木造」。

只用一根木頭製成的 一木造

特徵

從頭到腳都只用一根木頭雕刻而成的工法。受到材料的限制，沒辦法製作大型佛像，刻壞了也無法重來。為了防止木頭乾燥後裂開，有時會將內部挖空。

代表佛像

室生寺　釋迦如來立像

挖背

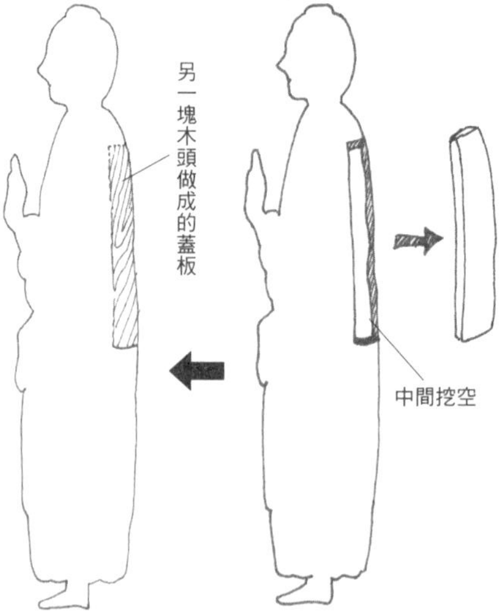

用另一塊木頭做成背板將洞口封起。鑿出佛像的細節，再塗上顏色便完成了。

只用一塊木頭刻出外型，從背後開個洞，把裡面挖空。

割矧造

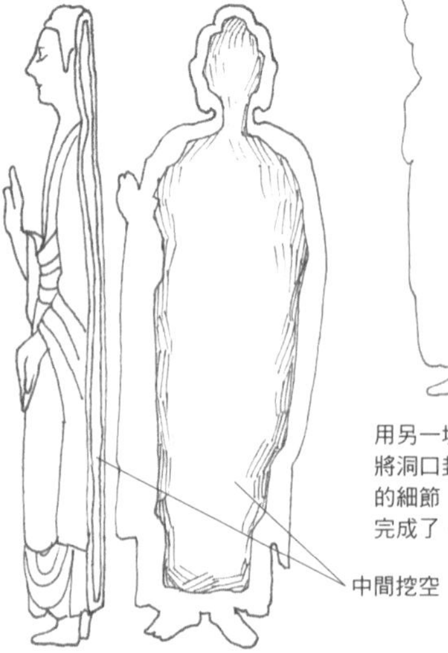

將一木造佛像從頭部直直切成兩半，並把兩側內部挖空，接著再重新合起來就完成了。

多塊木頭拼裝而成的　寄木造

特徵

組合多塊木頭製成佛像的作法。不需要太大塊的木材，還能夠分工作業，在製作程序上較為流暢。自平安時代後期成為主流。

代表佛像

平等院鳳凰堂　阿彌陀如來坐像

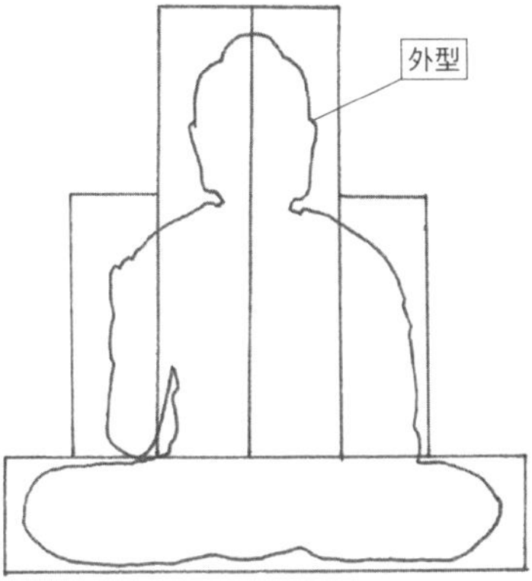

1 將多塊木頭併在一起，用漆或冂字釘固定。

2 刻出大概的外型。

3 將組合起來的木頭先拆開，把內部挖空。盡量挖深一點，以減少木頭的厚度、減輕重量。

4 再次將木材組合起來，修飾佛像表面，接著貼上金箔或上色就完成了。

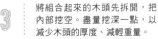

佛像裡面的東西

胎內（佛像內部）的各種物品

如果是中空的佛像，內部空心的部分稱為「胎內」，有時裡面會裝著各式各樣的物品。這種做法起源於為了替佛像注入靈魂，在其內部放置佛舍利（釋迦遺骨）或五輪塔（納骨的容器），自平安時代後期開始盛行。

此外，有時也會放入寫滿參與佛像製作者的名單（結緣狀）、畫在紙上的佛圖、小佛像或是經文等物，甚至會直接用筆墨畫在佛像內部。其他也有裝著往生者的遺髮、牙齒或生前經常使用的物品的例子。

在這類型的佛像中最具有特色的，是以「生身釋迦如來」聞名於世的京都清涼寺的釋迦如來立像。其內部裝有絲綢製成的五臟六腑，被認為是模擬釋迦肉身所製作的佛像。

為了了解胎內裡到底裝著什麼東西，必須將佛像解體才能一探究竟。若遇到無法解體的情況，也有許多使用照X光的方式確認內容物的案例。

從胎內發現的物品

佛像的胎內裝有各種物品，可以讓人回想起佛像被製作當時的時代。

經文

據說也有替佛像注入靈魂的意義。

小型佛像

在佛像裡面裝著更早之前製作的古老佛像，或是與發願者有著深厚淵源的佛像。

結緣狀

寫著參與佛像製作的人員姓名，有時也會記錄製作佛像的緣由。

水晶之類的寶石＆五輪塔

水晶象徵釋迦的遺骨（佛舍利）；五輪塔則是裝有佛舍利的塔型容器。

往生者的頭髮

用來祭祀往生者。愛知瀧山寺所供奉的聖觀音菩薩像，身高被認為與源賴朝本人相同，據說曾經在其內部發現裝有源賴朝的遺髮和牙齒的小箱子。

往生者生前常用的物品

與遺髮相同，用來祭祀往生者。在三重縣四天王寺的藥師如來像體內，曾發現梳子及裁縫用具等物品。

佛的內臟

例如京都清涼寺的釋迦如來內部，裝有絲綢製的內臟。另外也有裝著一體成型的木造骨骼及內臟的例子。

佛像的眼睛很逼真的原因

鎌倉時代，佛像越做越逼真

是否看過有著晶瑩透亮、像是真正眼睛的佛像呢？這種眼睛其實是「玉眼」，在鎌倉時代成為主流工法，尤其使用於明王、天部或高僧像。

鎌倉時代又稱作「寫實時代」。以運慶為首的「慶派」造佛師也活躍於這個時代，玉眼也是慶派常用的工法之一。因為看起來像真的眼睛一樣，可以讓佛像更有真實感。

例如傳達出人物靈性的興福寺「無著・世親像」（作：運慶），以及同樣位在興福寺的「維摩居士坐像」（作：定慶）等，都是活用了玉眼的作品。此外，用眼睛做出表情，進而呈現出人物性格的高野山金剛峯寺「八大童子像」（作：運慶），也是著名的作品。

雖然沒有玉眼，但東大寺南大門的「金剛力士像」，以肌肉結實的身體和充滿力道的動作為特色，是代表性的寫實鎌倉佛像。

看起來像真的眼睛一樣「玉眼」的製作方法

以鎌倉時代為中心流傳的工法。
光在水晶中反射，變成晶瑩透亮的眼睛。

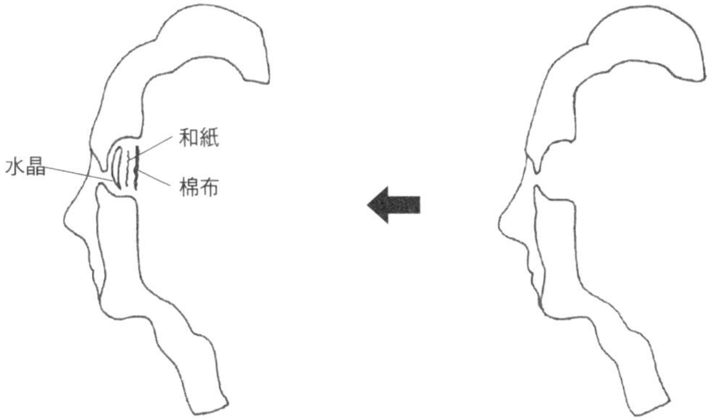
和紙
水晶
棉布

1　在佛像的臉上挖出眼睛的形狀

挖出眼睛形狀的洞。將水晶研磨成鏡片的形狀，並在內側畫上瞳孔。

2　放入水晶、和紙與棉布

為了做出從洞的前面看起來像瞳孔的樣子，先從內側放入水晶，並在水晶後面壓上和紙及棉布。

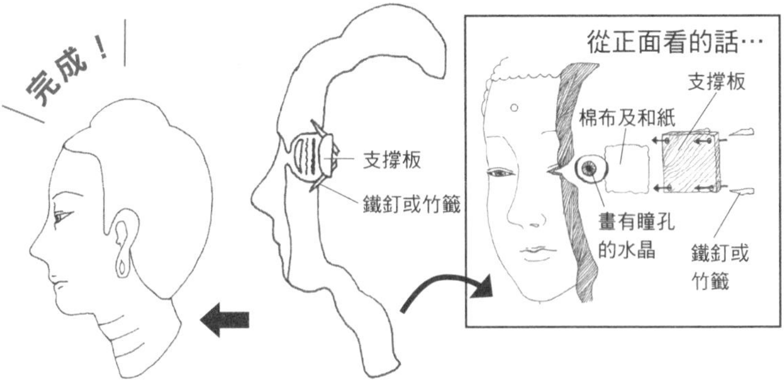
完成！
支撐板
鐵釘或竹籤
從正面看的話…
支撐板
棉布及和紙
畫有瞳孔的水晶
鐵釘或竹籤

3　用釘子固定住支撐板

接著蓋上支撐板，再用鐵釘或竹釘等從內側固定。

佛像世界的TEAM&FAMILY

只要記住固定的組合，就能簡單分辨佛像

如果參觀的地方單獨供奉一尊手不持物的如來，往往很難認出是哪一位（只有藥師如來手拿藥壺）。雖然也能從手勢、也就是印相辨別出阿彌陀如來等幾尊佛像，不過，只要仔細觀察配置在本尊兩側的「脅侍」，其實就一目瞭然了。

基本上，站在如來的兩側的佛像以菩薩和天部居多，而且通常是固定的組合。「藥師如來」（P.34）的兩邊配置「日光&月光菩薩」，而「阿彌陀如來」（P.36）則是搭配「觀音菩薩」（P.56）及「勢至菩薩」（P.88），這些都是基本的三尊形式。每位脅侍肩負不同責任，協助本尊的如來救濟世人。

此外，還有其他例子，像是率領「二十八部眾」（P.154）等多位眷屬（部下）的「千手觀音」（P.64），以及身邊帶著童子的「不動明王」（P.112）等，都是代表性的組合。另外也有夫妻加上孩子的「毘沙門天（多聞天）」（P.144）三尊像，一家三口的模樣讓人看了不禁露出微笑。

護衛 十二神將
宮毘羅
亥
摩虎羅
卯
招杜羅
丑
真達羅
寅
毘羯羅
子
珊底羅
午
波夷羅
辰
藥師如來
脅侍
月光菩薩
日光菩薩
迷企羅
酉
頞儞羅
未
安底羅
申
伐折羅
戌
因達羅
巳

※本頁所介紹的十二神將參照藥師寺的排列方式。神將名稱也根據不同經典而異。

TEAM

藥師如來

藥師如來＋日光・月光菩薩＋十二神將

24小時全天候守護病患

以治癒疾病的藥師如來為本尊，日光、月光菩薩分別擔任白天和晚上的助手。十二神將各個對應古時候用來表示時間的地支，每尊神將一天各負責兩個小時。

成組供奉的寺廟

奈良　新藥師寺
奈良　興福寺

TEAM

阿彌陀如來

阿彌陀如來＋觀音・勢至菩薩或二十五菩薩

迎接亡者踏上往生的旅途

阿彌陀如來從極樂淨土前來迎接亡者。觀音菩薩手持盛裝亡者靈魂的蓮花，勢至菩薩對著亡者合掌。至於其他的菩薩則一路演奏樂器。

阿彌陀如來
脅侍
勢至菩薩
觀音菩薩

其他成員

- 普賢菩薩
- 虛空藏菩薩
- 藥王菩薩
- 藥上菩薩

等等，組成二十五菩薩

成組供奉的寺廟

京都　即成院
京都　平等院鳳凰堂

TEAM

釋迦如來

釋迦如來＋文殊・普賢菩薩
或梵天・帝釋天

協助救濟世人

釋迦如來的脅侍為掌管智慧的文殊菩薩，以及據說出現在世界各地拯救世人的普賢菩薩。也有搭配梵天&帝釋天、或是可治百病的藥王&藥上菩薩的例子。

釋迦如來

脅侍

普賢菩薩

文殊菩薩

也有其他組合喔

帝釋天

梵天

成組供奉的寺廟

奈良　興福寺五重塔

TEAM

千手觀音

千手觀音＋二十八部眾
＋風神・雷神

目標是救濟一千個世界

千手觀音用祂的一千隻手拯救一千個世界。發誓保護千手觀音信徒的二十八部眾，再加上風神、雷神，共有三十尊佛像守護著千手觀音。

千手觀音

眷屬
二十八部眾

阿修羅

迦樓羅 等

＋ 風神　雷神

成組供奉的寺廟

京都　蓮華王院三十三間堂
京都　清水寺

TEAM

不動明王

不動明王＋制多迦童子
＋矜羯羅童子或八大童子

協助明王的八位童子

成組供奉的寺廟

和歌山　高野山靈寶館
京都　淨琉璃寺

制多迦童子　矜羯羅童子　不動明王

不動明王帶著制多迦童子和矜羯羅童子，被供奉為三尊像。兩位年少的童子合力協助明王。也有再加上另外六名童子，合稱八大童子的形式。

其他成員

・惠光童子
・阿耨達童子

等等，共八位童子

TEAM

渡海文殊

文殊菩薩＋善財童子等

表現往聖地邁進的模樣

成組供奉的寺廟

奈良　安倍文殊院
奈良　西大寺

善財童子　文殊菩薩

優填王　佛陀波利三藏　最勝老人

文殊菩薩騎著獅子越過大海，純真的少年善財童子在前方引導，加上優填王、精通佛教的最勝老人與博學多聞的佛陀波利三藏，總共有四位隨從。

FAMILY

毘沙門天

毘沙門天＋吉祥天＋善膩師童子

佛教界的模範家庭

四天王之一的多聞天，被單獨供奉的時候稱為毘沙門天。妻子是福德女神・吉祥天。再加上祂們的兒子善膩師童子，一家三口被奉為三尊像。

吉祥天　毘沙門天（多聞天）

善膩師童子

其實這2位也是夫妻

梵天 ♥ 弁才天

成組供奉的寺廟

京都　鞍馬寺
奈良　法隆寺金堂

可以看到佛像的地方

8

東京

輕輕鬆鬆見到許多佛像

如果想一次參觀很多佛像的話，不妨先到東京國立博物館走走吧！這裡收集了許多橫跨飛鳥時代到鎌倉時代的佛像雕刻名作。此外，也經常舉辦全國佛像特展，務必密切關注！

世田谷．五島美術館的大廳裡，展示著壯觀的愛染明王。其實，這尊佛像原本被供奉在鎌倉鶴岡八幡宮內。博物館「大倉集古館」是大倉飯店的一部份，館藏的騎著大象的普賢菩薩為難得一見的獨立佛像，被認定為日本國寶（休館至2019年）。

此外，在世田谷．九品佛淨真寺裡擺著九尊阿彌陀如來，呈現出「九品往生」（P.37）的意象。九尊阿彌陀像的印相各不相同，在其他地方是非常少見的。

知名的佛像

- 五島美術館「愛染明王坐像」
- 大倉集古館「普賢菩薩騎象像」（休館至2019年）
- 九品佛淨真寺「阿彌陀如來坐像」
- 大円寺「大円寺石佛群」「釋迦如來立像」
- 高幡不動尊　金剛寺「不動明王像」

卷末附錄

奈良＆京都
佛像巡禮

附地圖

遊覽奈良基本的
四個區域

奈良＆京都佛
像巡禮地圖

了解奈良＆京都
的佛像歷史

按歷史順序參觀京
都基本的四間寺廟

首先要了解奈良&京都的佛像歷史

飛鳥～奈良時代 佛教與佛像傳入

在現代日本獲得高度評價的佛像，大多屬於從日本正式開始製作佛像的飛鳥時代，到鎌倉時代為止的這段期間。而京都和奈良保存的佛像，在數量上遠遠超過其他地區。

飛鳥～奈良時代，在日本美術史上被劃分為「飛鳥」、「白鳳」和「天平」三個時代。飛鳥時代的著名佛像為飛鳥寺的飛鳥大佛。此外，在法隆寺（P.250）也保留了相當多這個時代的佛像。法隆寺金堂的釋迦三尊像，與飛鳥大佛一樣，同為造佛師・止利的作品。其特徵是嘴角掛著難以捉摸的微笑，以及一雙杏眼。

白鳳時代從大化革新開始，結束於平城京遷都（西元六四五年～七一〇年，諸說紛紜）。此時佛像開始出現立體感和圓潤的造型，在服裝的表現上也更加自然。代表作品有法隆寺的百濟觀音，還有以單腳盤起、手撫著臉頰思考的「半跏思惟」之姿聞名的中宮寺如意輪觀音等等。

天平時代，是指遷都平城京後，再次遷都至長岡京為止的期間（西元七一〇年～七八四年）。把佛教做為施政基礎的思想在這個時代得到落實，以國家建設為名，接二連三地建造了東大寺（P.248）、西大寺等大型寺院。東大寺戒壇堂的四天王像和興福寺（P.248）的阿修羅像等，都是這個時代的傑作。

飛鳥～奈良時代的寺廟&佛像

※年代部分有各種說法。

飛鳥時代的佛像特徵為杏眼和神祕的微笑。

飛鳥

- 538　百濟進貢佛像至日本（佛教公傳，一說是在西元552年）。
- 596　〔奈良〕蘇我氏建立日本首座正式的寺院．法興寺（即現在的飛鳥寺）。→P.254
- 607　〔奈良〕聖德太子建立法隆寺。→P.250
- 七世紀前期　造佛師．鞍作止利活躍於世。
- 〔奈良〕為弔唁聖德太子之母，建立中宮寺。→P.250
- 〔京都〕渡來人出身的秦氏建立廣隆寺。→P.252

白鳳（飛鳥）

- 645　大化革新。
- 673　天武天皇即位。
- 680　〔奈良〕天武天皇為了祈求其妻．持統天皇的病痛痊癒，發願建立藥師寺。→P.249

抬起一隻腳的「半跏」是奈良時代以前的佛像上常見的姿勢。

將漆風乾製成的乾漆像是當時的主流，例如興福寺的阿修羅像。

天平（奈良）

- 710　遷都平城京。
- 〔奈良〕建立與藤原一族關係密切的寺院．興福寺。→P.248
- 724　聖武天皇即位。
- 752　〔奈良〕因聖武天皇發願，舉行東大寺大佛的開眼供養會。→P.248
- 753　唐朝高僧．鑑真東渡日本。
- 759　〔奈良〕鑑真設立唐招提寺。→P.249

建造大佛等，象徵佛像與國家緊密結合。

平安時代　密教傳入&淨土信仰盛行

平安時代始於首都自奈良遷都至京都平安京的西元七九四年。佛教也在此時迎來新的時代。

平安時代初期，密教傳入日本。由空海所創立的真言宗，將大日如來、不動明王等新型態的佛像，伴隨著密教思想一併傳到日本。明王的特徵是怒髮衝冠的形象，其背上的火焰以及倒豎的頭髮等，在視覺上多鋪張搶眼。另外，確立如來、菩薩、明王和天部這些階級制度的也是密教。尤其是以真言宗為中心的密教，在釋迦的教義當中導入了印度古老宗教的特色，將許多印度教的神祇轉變為佛教的佛。在空海創建的東寺（P.252）中，打造了呈現密教世界觀的「立體曼荼羅」。

平安時代的另一個主流是阿彌陀信仰。受到從平安時代中期開始盛行的末法思想（佛教將在釋迦入滅的兩千年後荒廢的厭世思維）影響，世人開始祈求能在死後被阿彌陀如來迎接至極樂淨土。這個時候的阿彌陀如來，特徵是身材豐腴、垂肩和安詳的表情。造佛師定朝奠定了這種基本型態。平等院鳳凰堂（P.253）的阿彌陀如來坐像，便是定朝著名的作品。

平安時代的寺廟&佛像

據說能迎接亡者至極樂淨土的阿彌陀如來像被大量製造。

平安

794 遷都平安京。

806 空海自唐朝返日。隨後創立真言宗，推廣密教。

816 〔和歌山〕空海創立高野山金剛峯寺。

823 〔京都〕天皇把東寺賜予空海，成為真言密教的道場。→P.252

874 〔京都〕密教僧侶・聖寶建立醍醐寺。→P.255

907 醍醐天皇在醍醐寺設立藥師堂。

951 〔京都〕空也創立六波羅蜜寺。→P.255

11世紀前期 藤原道長與賴通父子的攝關政治達到顛峰。

1052 被視為末法思想的「末法初年」。世人廣泛相信淨土信仰。

〔京都〕藤原賴通將其父道長傳給自己的行宮改建為平等院。→P.253

11世紀中期 造佛師・定朝成就寄木造工法。

隨著密教傳入，出現了不動明王等各種造型奇特的明王。

末法思想＆武士抬頭

平安後期～鎌倉時代

在末法思想盛行的平安時代末期，以貴族為中心的時代漸趨沒落，武家開始崛起。

在一一五八年開始施行院政（上皇、法皇在退位後仍掌握實質政權）的後白河法皇，對佛教信仰虔誠，非常崇拜觀音菩薩。當時握有權力的平清盛，奉後白河法皇之命著手建造了三十三間堂（P.253），供奉一千零一尊千手觀音。在當時，人們相信佛像越多越靈驗，所以一千零一尊有著許多手臂的千手觀音，在世人心中其助力幾乎等於無限大。

此外，平家在源平合戰時發起的南都燒討，造成東大寺（P.248）及興福寺（P.248）等寺廟損失了大量佛像。在那之後著手修復寺廟的，是逐漸開始掌權的源氏。以運慶、快慶為首的慶派鎌倉造佛師正好也在這個時期崛起，開始製作迎合武士時代風情、充滿生命力的鎌倉時代特有佛像，其中的代表作為東大寺南大門的金剛力士像。而在一二四九年的一場大火中，京都三十三間堂的佛像也受到嚴重損害，同樣靠著慶派造佛師傾盡全力修復，才得以讓眾多以慶派佛像為首的鎌倉時代作品保留至今。

平安後期～鎌倉時代的寺廟&佛像

平安

11世紀後期　白河上皇開始實施院政。

1159　平清盛擊敗源義朝，平氏崛起（平治之亂）。

1165　〔京都〕平清盛協助後白河上皇完成蓮華王院三十三間堂。→P.253

1180　平重衡等人率軍進行南都（奈良）燒討。

1185　平家滅亡。

鎌倉

1192　源賴朝就任征夷大將軍。

12世紀末～　慶派造佛師・運慶&快慶活躍於世。

13世紀前期　〔奈良〕遭到平家燒毀的奈良佛像，藉慶派造佛師之手得以復原（南都復興）。

1218　〔京都〕密教僧侶・俊芿設立泉涌寺。→P.255鎌倉時代以後成為憑弔歷代天皇的菩提寺。

1249　〔京都〕三十三間堂被火災燒毀。

13世紀後期　〔京都〕慶派等各派造佛師全體動員修復三十三間堂。

盛行厭世的末法思想，傳說能用一千支手拯救一千個世界的千手觀音受到世人推崇。

隨著慶派抬頭，充滿躍動感的寫實佛像成為主流。

開始廣泛為宗派祖師等高僧製像。

佛像巡禮 2 奈良

〔推薦給初學者的路線〕

遊覽基本的四個區域

奈良的寺廟四散在廣大範圍內，要全部參觀的話會非常耗時。
本單元將範圍縮小成基本的四個區域介紹給讀者。
不論哪個區域，如果想要仔細觀賞都需要花上整整一天，故建議分次參訪。

\首先，就從大佛開始吧！/

奈良公園區

以大佛聞名的東大寺裡，供奉著許多其他佛像。除了同樣位於奈良公園內的興福寺，如果時間充裕的話，也到奈良國立博物館看看吧！

MAP P.254

〔奈良時代〕710年創建

興福寺

蒐羅奈良～鎌倉時代的佛像

除了寺廟建立當時的奈良時代名作之外，還收藏了許多鎌倉時代的「慶派」作品。慶派負責修復因為源平合戰而燒毀的佛像，因此在興福寺可以看到橫跨奈良時代到鎌倉時代期間，各個時代的佛像。大部分的佛像集中保存在興福寺國寶館。

奈良市登大路町48
近鐵「奈良」站徒步5分鐘

代表佛像

阿修羅像／國寶館【國寶】
以青澀少年形象聞名的阿修羅像。據說呈現的是在遇見釋迦後改過自新的模樣，略顯憂鬱的表情很受歡迎。（奈良時代）

銅造佛頭／國寶館【國寶】
過去被供奉在山田寺的大型藥師如來頭像。圓鼓鼓的臉頰和瞇成弓形的眼睛，看起來似乎帶著一絲詼諧。（白鳳時代）

金剛力士立像／國寶館【國寶】
充滿肉體美的精壯體魄，寫實的肌肉線條吸引著參拜者的目光，是躍動感十足的佛像。阿形和吽形兩尊為一對。（鎌倉時代）

無著・世親立像／北円堂【國寶】
傳說是精通印度法相宗教義的高僧兄弟。逼真傳神的表情充滿魅力。只在特別展示期間對外公開。（鎌倉時代）

〔奈良時代〕752年創建

東大寺

大佛的壯闊深遠讓人深受感動

奈良的佛像巡禮果然就該從大佛開始。名聞天下的東大寺是在奈良時代，由聖武天皇所建立的寺廟。除了大佛殿裡的大佛，還有南大門的金剛力士像，以及戒壇堂的四天王像等，是國寶級佛像的寶庫。要注意每間佛堂都需收取個別的參觀費。

奈良市雜司町406-1
近鐵「奈良」站徒步20分鐘

代表佛像

盧舍那佛坐像／大佛殿【國寶】
著名的「奈良大佛」，高達14.98公尺的巨大佛像。相傳是奈良時代的聖武天皇為了祈求國家安泰而發願建造的。（奈良時代）

金剛力士像／南大門【國寶】
高8.4公尺的大佛像，守護南大門。金剛力士像為了擊退佛敵大多朝外，但這對金剛力士卻少見地面對面相望。（鎌倉時代）

不空羂索觀音立像／法華堂【國寶】
法華堂的本尊，頭戴鑲滿寶石的華麗寶冠。脅侍的日光和月光菩薩臉上的神秘微笑也值得一見。（奈良時代）

四天王立像／戒壇堂【國寶】
受歡迎的帥氣四天王。有嘴巴大開表現忿怒的增長天、瞪大雙眼的持國天等，表情豐富的四尊像。（奈良時代）

\感受天平時代的風氣/

西之京區

MAP P.254

奈良時代，平城京中心部西側的區域稱為西之京。以鑑真和尚建立的唐招提寺與天武天皇發願建造的藥師寺為主要寺廟。

〔白鳳（飛鳥）時代〕680年天武天皇發願建造

藥師寺

舉世無雙的藥師三尊像

為了祈求皇后，也就是後來的持統天皇的病能夠痊癒，天武天皇發願建立了藥師寺。最初建於藤原京，在遷都平城京的時候搬到現址。東塔以外的建築因為近年重新整修，朱紅色及綠色的寺廟伽藍鮮豔奪目，重現了建造當時色彩鮮明的模樣。

奈良市西之京町457
近鐵「西之京」站出站即達

代表佛像

藥師如來三尊像／金堂【國寶】
以藥師如來為本尊，兩側配置日光、月光菩薩。祂們巨大又優美的樣貌保證讓人驚艷不已。青銅像雖然現在泛著黑光，但據說建造當時閃耀著金色光芒。（白鳳時代）

聖觀世音菩薩像／東院堂【國寶】
被稱為日本首屈一指的美麗觀音像。從服裝等處可以看出印度的雕刻樣式，是一尊優雅嫻麗的佛像。（白鳳時代）

彌勒三尊像／大講堂【重要文化財】
藥師寺是「法相宗」的佛寺，這裡的彌勒如來像是根據法相宗教義所建造的珍貴佛像。脅侍也非常獨特，由法苑林菩薩和大妙相菩薩擔任。（白鳳～奈良時代）

〔奈良時代〕759年創建

唐招提寺

莊嚴氣派的盧舍那佛

唐招提寺是由鑑真和尚所設立，他經過重重劫難才從中國東渡日本。據說有一部分的佛像，是由跟隨鑑真來到日本的中國造佛師所製，可以感受到其獨特的風格。寺內的講堂是平安京宮殿唯一保存下來的建築物，這裡的靜謐與彷彿一觸即發的緊張感讓人心曠神怡。國寶級的佛像集中放在金堂。

奈良市五条町13-46
近鐵「西之京」站徒步10分鐘

代表佛像

盧舍那佛坐像／金堂【國寶】
像高超過3公尺，厚實的身軀和充滿威嚴的表情展現出獨特風範。5.51公尺高的巨大光背上，保留著864尊化佛。（奈良時代）

千手觀音立像／金堂【國寶】
手的數量真的接近一千隻，是極為罕見的佛像。現存的脇手有42隻大手和911隻小手，一般認為原本應該有一千隻。（奈良時代）

藥師如來立像／金堂【國寶】
面向本尊的盧舍那佛坐像，藥師如來站在祂的右側。像高3.36公尺。視線略略朝下，整體上給人沉穩的印象。（平安時代）

鑑真和上坐像／御影堂【國寶】
從中國出航，直到第六次才總算抵達日本、廣傳佛教教義，是唐招提寺開山祖鑑真的人像，這也是日本最古老的肖像雕刻。（奈良時代）

與聖德太子
淵源深厚的區域

斑鳩區

MAP P.254

以法隆寺為中心，附近還有為聖德太子母親建造的中宮寺，以及據說由其子所設立的法輪寺等，一一參訪這些與聖德太子一家關係密切的寺廟吧！

〔飛鳥時代〕607年左右創建

法隆寺

知名的世界遺產

將飛鳥時代的模樣保留至今，是廣為人知、世界最古老的木造建築。相傳是聖德太子繼承其父用明天皇的遺志，開始建造寺廟和藥師如來像。除了本尊釋迦如來，還有被視為與聖德太子等身大的救世觀音，以及擁有模特兒身材的百濟觀音等佛像，個個都是飛鳥時代的名作。

奈良縣生駒郡斑鳩町法隆寺山內1-1
JR「法隆寺」站轉乘公車至「法隆寺門前」下車即達

代表佛像

釋迦三尊像／金堂【國寶】
飛鳥時代的代表佛像，特徵是杏眼和難以捉摸的微笑。脅侍為布施藥物的藥王菩薩與藥上菩薩。（飛鳥時代）

百濟觀音像／大寶藏院·百濟觀音堂【國寶】
玲瓏小巧的頭部、修長的四肢、纖細的身材，八頭身的窈窕姿態為日本佛像少見。優美並滿懷慈悲的表情是其魅力。（白鳳時代）

夢違觀音像／大寶藏院【國寶】
據說做了惡夢的時候到這裡參拜，夢違觀音就會把惡夢變成好夢。臉上掛著安詳的表情，是像高僅87.3公分的小型佛像。（白鳳時代）

救世觀音像／夢殿【國寶】
相傳是仿照聖德太子的樣貌製作而成的觀音像。因為是秘佛，要留意只有在特定的期間才開放參拜。（飛鳥時代）

〔飛鳥時代〕7世紀前期創建

法輪寺

質樸的飛鳥時代佛像

相傳為聖德太子之子——山背大兄王所建造。注目焦點是與法隆寺造型相似的佛像。推測於飛鳥～白鳳時代所製造的藥師如來坐像，與法隆寺的釋迦三尊像表情雷同；而同時代的虛空藏菩薩與法隆寺的百濟觀音，表情也如出一轍。看過兩邊的佛像再做比較別具趣味。與法隆寺的佛像相比，雖然在完成度上略遜一籌，但這種質樸的模樣反而恰到好處。

奈良縣生駒郡斑鳩町三井1570
JR「筒井」站轉乘公車至「中宮寺前」下車後徒步15分鐘

代表佛像

藥師如來坐像【重要文化財】
虛空藏菩薩立像【重要文化財】
十一面觀音菩薩立像【重要文化財】

〔飛鳥時代〕7世紀前期創建

中宮寺

為了見到神秘的微笑

與法隆寺相鄰，是為了弔唁聖德太子母親所建的尼姑寺。雖然過去曾擁有壯麗伽藍，現在只殘存小小的佛堂。本尊是以半跏思惟之姿著名的彌勒菩薩（寺廟的傳承紀錄為如意輪觀音）。其純粹且充滿神祕的微笑，無疑使人為之傾倒。

奈良縣生駒郡斑鳩町法隆寺北1-1-2
JR「法隆寺」站轉乘公車至「法隆寺門前」下車後徒步8分鐘

代表佛像

菩薩半跏像（傳　如意輪觀音）【國寶】

把腳步延伸，
往佛像愛好者的聖地出發！

室生・長谷區

MAP P.254

坐落在奈良的偏遠深山裡，雖然有著交通不便的缺點，但舟車勞頓抵達之後，看到的古老寺廟絕對不會辜負你的期待！

〔奈良時代〕8世紀前期左右創建

長谷寺

巨大的十一面觀音像

雖然寺廟內沒有成群的佛像一字排開，但超過10公尺高的本尊——十一面觀音像卻是魄力十足。據說在江戶時代，人們常在前往伊勢神宮參拜的途中順道拜訪長谷寺。通往位於山腰的本堂的登廊上，整齊排列的樑柱也十分美麗，是長谷寺代表性的建築物。

奈良縣櫻井市初瀨731-1
近鐵「長谷寺」站徒步15分鐘

代表佛像

十一面觀音菩薩立像【重要文化財】
被稱為長谷寺式的十一面觀音菩薩，右手握著錫杖，左手拿著水瓶，從平安時代開始便受世人信奉，是日本國內最大的木造佛像。由於建築物構造的關係，平常只能見到佛像的上半身，但是在春季和秋季的特別參拜期間，能夠參觀到佛像的腳邊。（室町時代）

〔奈良時代末期〕770年左右創建

室生寺

女性也能獲得救贖的「女人高野」

在佛教裡，女性原本是無法得到救贖的。然而，室生寺卻是一間女性也能夠參拜的密教佛寺，自古以來便受人們信奉。以本尊釋迦如來為首，國寶級佛像都集中在金堂。雖然除了特別參拜的時期之外，都只能在外面參觀金堂，不過供奉在本堂的如意輪觀音可以從非常近的距離觀賞，值得一看。

奈良縣宇陀室生78
近鐵「室生口大野」站轉乘往室生寺的公車，在終點站下車後徒步5分鐘
※由於公車班次不多，建議事先確認公車（奈良交通）的運行狀況再行前往。

代表佛像

釋迦如來立像／金堂【國寶】
體格壯碩的一木造佛像。朱紅色衣服上的皺褶線條流暢，是這裡特有的造型，因此被稱為「室生寺樣」。原本是藥師如來。（平安時代）

十一面觀音像／金堂【國寶】
裝飾華麗的女性化佛像。視線彷彿凝視著某處般略向中間靠攏，飽滿的雙唇上還留有紅色顏料，是尊嫵媚的觀音像。（平安時代）

十二神將像／金堂【重要文化財】
做為本尊藥師如來（釋迦如來）的眷屬（部下），守護著十二個方位。頭上頂著十二生肖，表情略帶一絲詼諧。（鎌倉時代）

如意輪觀音坐像／本堂【重要文化財】
風格穩健的一木造，是尊充滿知性的中性美女觀音像。與大阪・觀心寺、兵庫・神咒寺的佛像並稱日本三大如意輪。（平安時代）

〔初學者推薦路線〕

按歷史順序參觀基本的四間寺廟

在京都，建議循著建造的時間順序來參觀基本的四間佛寺。寺廟內有很多完整保留時代特徵的佛像，了解這些佛像的歷史背景，也能夠一併了解京都的歷史。

〔飛鳥時代〕603年創建

廣隆寺

與秦氏關係密切的京都最古老寺廟

於飛鳥時代建造，是京都歷史最悠久的寺廟。渡來人出身的秦氏，收到聖德太子賞賜的彌勒菩薩半跏思惟像後，建造了這間寺廟。秦氏以寺廟所在的太秦到嵐山一帶為根據地，往四周開拓，和京都初期的發展有很大的關連。

代表佛像

彌勒菩薩半跏像（寶冠彌勒）／靈寶殿【國寶】
相傳為聖德太子賞賜給秦氏的佛像。也有一說是從朝鮮半島傳進日本的。頭部微傾，指尖碰臉，一副正在思考救世方法的模樣。因為頭上戴著寶冠，又被稱為寶冠彌勒。（飛鳥時代）

彌勒菩薩半跏像（哭泣彌勒）／靈寶殿【國寶】
由於手指撫著臉頰的樣子看起來像是在啜泣一般，被稱為哭泣彌勒。（白鳳～奈良時代）

不空羂索觀音立像／靈寶殿【國寶】
相貌凜然，身材勻稱，手裡拿著羂索（套索）的觀音菩薩像。（奈良～平安時代）

京都市右京區太秦蜂岡町32　京福嵐山線「太秦廣隆寺」站下車即達　MAP P.255

〔平安時代〕796年創建

東寺

（教王護國寺）

以視覺表現密教教義的立體曼荼羅

由弘法大師空海從中國傳入日本的真言密教大本營，是平安佛教早期的代表性寺廟。真言密教向眾人展示過去在佛教中不曾出現過的全新世界觀，廣受貴族們的歡迎。據說，自遷都至平安京以來，規模和位置至今都維持不變的只有東寺而已。

代表佛像

藥師三尊像／金堂【重要文化財】
金堂是在東寺被交付給空海之前便存在的佛堂。以藥師如來為中心，日光、月光兩位菩薩立於兩側，承襲了奈良的白鳳時代的樣式。（桃山時代）

立體曼荼羅／講堂【國寶．重要文化財】
講堂是空海規劃建造的第一座佛堂。將空海提倡的密教世界觀，藉由佛像以立體的曼荼羅（密教獨特的佛之世界）呈現出來。圍繞著位於中央的大日如來，總共設置了如來、菩薩和明王等，共21尊佛像。（平安～室町時代）

京都市南區九条町1番地　JR「京都」站徒步15分鐘；近鐵「東寺」站徒步10分鐘　MAP P.255

〔平安時代〕1053年創建

平等院鳳凰堂

重現極樂淨土的富麗寺廟

平安時代中期，也就是藤原道長、賴通父子的時代，藤原一族藉著攝關政治迎來全盛時期。當時非常流行阿彌陀信仰，相信阿彌陀如來會帶領亡者前往極樂淨土。藤原賴通將道長的行宮改建為寺院，試圖在金碧輝煌的鳳凰堂裡，重現出現世的極樂淨土。

京都府宇治市宇治蓮華116
JR「宇治」站或京阪「京阪宇治」站下車後步行10分鐘

MAP P.255

代表佛像

阿彌陀如來坐像／鳳凰堂【國寶】
被稱為「定朝樣」的佛像樣式創始人——定朝的作品。垂肩的線條優雅且毫無造作，身上服飾的皺褶也非常優美流暢，成為和風佛像的基本樣式。爾後，開始出現非常多模仿此樣式製作的佛像。（平安時代）

雲中供養菩薩／
鳳凰堂・平等院博物館「鳳翔館」【國寶】
這尊佛像同樣出自定朝的工坊。呈現出來回穿梭於極樂世界、或唱歌跳舞、或演奏樂器的52尊小佛像。每尊佛像不同的表情和姿勢也是其魅力之一。（平安時代）

〔平安時代〕1165年創建

蓮華王院
三十三間堂

帶來無限功德的一千零一尊觀音像

平安時代後期，長期施行院政的後白河法皇，與當時得勢的平家有著緊密的關係。而法皇命令平清盛所建造的正是三十三間堂。包含一尊丈六的坐像， 1001尊千手觀音像一字排開的景象十分壯觀。人們相信千手觀音擁有和祂的手一樣無限多的功德力量。

京都市東山區三十三間堂迴町657
JR「京都」站轉乘公車至「博物館三十三間堂前」下車即達

MAP P.255

代表佛像

千手觀音坐像【國寶】
坐鎮於一千尊千手觀音正中央的本尊。像高超過3公尺的丈六坐像。出自造佛師運慶之子湛慶之手，是他在84歲時所製作的作品。（鎌倉時代）

千體千手觀音立像【重要文化財】
除了在1249年遭到大火燒毀的124尊佛像以外，其餘都是鎌倉時代的作品。鎌倉時期的佛像，有一部份使用了玉眼（P.234）。（平安・鎌倉時代）

二十八部眾【重要文化財】
千手觀音的28位眷屬（部下）。模樣各個獨具風格，例如半鳥半人的迦樓羅王。栩栩如生的表情也很有魅力。（鎌倉時代）

奈良佛像巡禮地圖 *map*

在廣大的區域內，有許多大型寺廟。建議一天安排一個區域，多花幾天參觀。

秋篠寺

以佛像中的美女，相當於東洋謬思的伎藝天聞名。因為交通稍嫌不便，建議與附近的平城宮跡一併參觀。

奈良市秋篠町757
近鐵「大和西大寺」站轉乘公車至「秋篠寺」下車即達

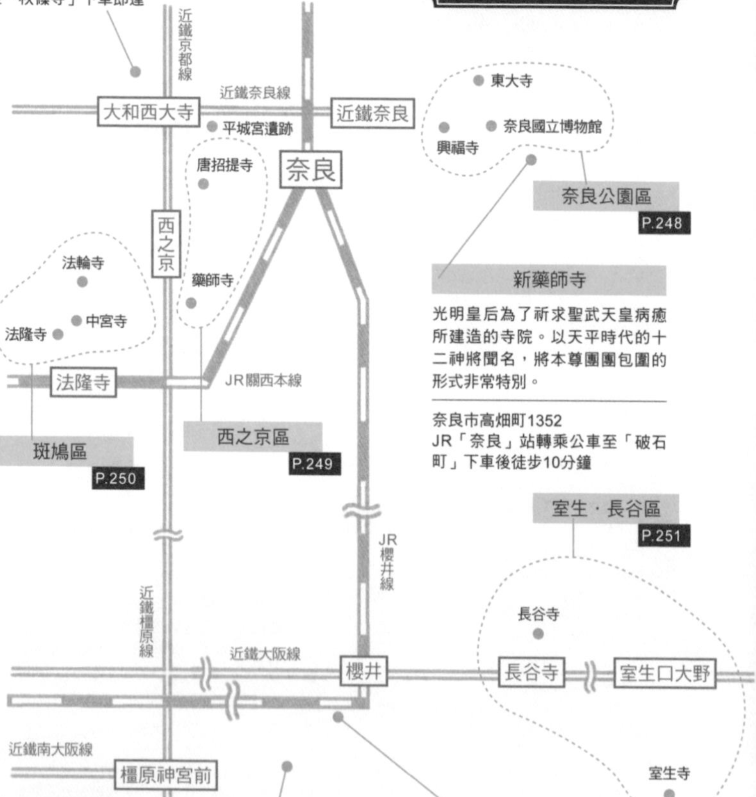

近鐵京都線
近鐵奈良線
大和西大寺
近鐵奈良
平城宮遺跡
奈良
唐招提寺
西之京
藥師寺
法輪寺
中宮寺
法隆寺
法隆寺
JR關西本線
西之京區
P.249
斑鳩區
P.250
東大寺
興福寺
奈良國立博物館
奈良公園區
P.248
室生．長谷區
P.251
JR櫻井線
近鐵橿原線
近鐵大阪線
櫻井
長谷寺
長谷寺
室生口大野
室生寺
近鐵南大阪線
橿原神宮前
近鐵吉野線

新藥師寺

光明皇后為了祈求聖武天皇病癒所建造的寺院。以天平時代的十二神將聞名，將本尊團團包圍的形式非常特別。

奈良市高畑町1352
JR「奈良」站轉乘公車至「破石町」下車後徒步10分鐘

吉野區

著名的金峯山寺奉藏王權現（據說為釋迦如來、千手觀音和彌勒菩薩合體後的化身）為本尊，為修驗道的開山祖——役行者所設立的寺廟，役行者實際存在於六～七世紀。

↓

飛鳥寺

由蘇我馬子創建，日本最早的正式佛教寺院。供奉在此的「飛鳥大佛」，是飛鳥時代的造佛師鞍作止利的作品。

奈良縣高市郡明日香村飛鳥682　近鐵「橿原神宮前」站轉乘公車至「飛鳥大佛」下車即達

安倍文殊院

最有名的是文殊菩薩騎著獅子、帶領四位脅侍的「渡海文殊」。帶著知性的青澀面容出自造佛師快慶之手。可愛的善財童子也很受歡迎。

奈良縣櫻井市阿部645
JR或近鐵「櫻井」站轉乘公車至「安倍文殊院前」下車即達

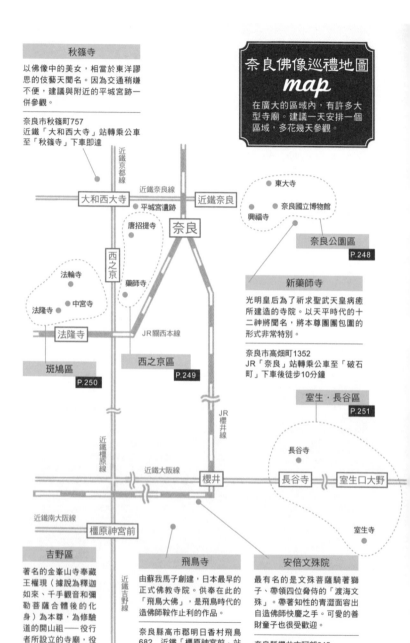

京都佛像巡禮地圖 map

按照歷史時序走過基本的四間佛寺後，較有效率的方式是鎖定有興趣的寺廟，連同鄰近景點一起參觀。

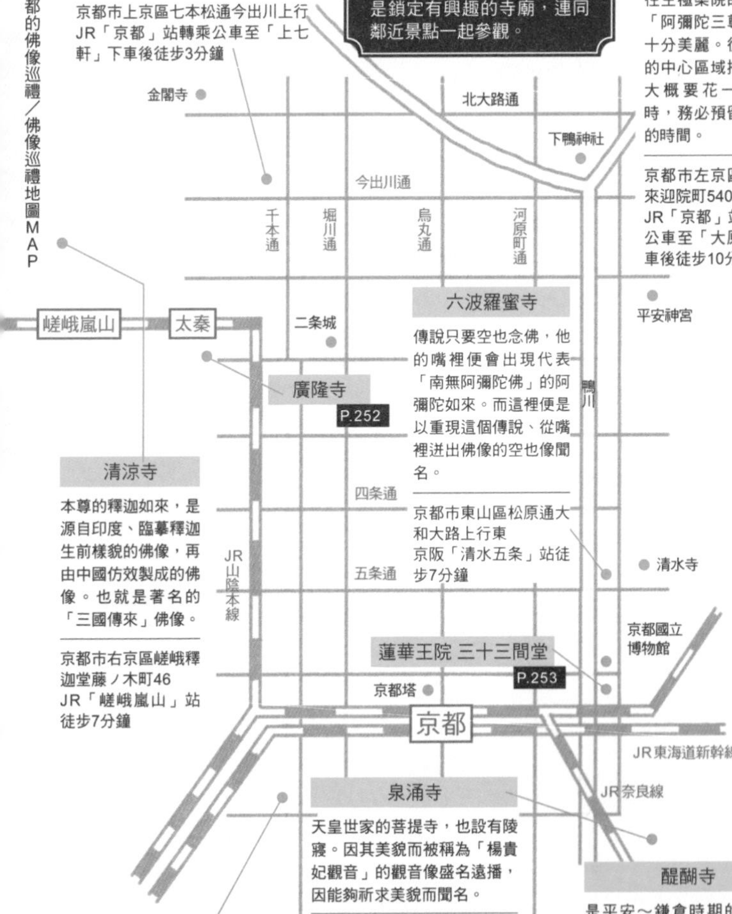

金閣寺
北大路通
下鴨神社
今出川通
千本通
堀川通
烏丸通
河原町通
嵯峨嵐山
太秦
二条城
平安神宮
鴨川
四条通
五条通
JR山陰本線
清水寺
京都國立博物館
京都塔
京都
JR東海道新幹線
JR奈良線

千本釋迦堂 大報恩寺

由釋迦優秀的弟子們一字排開的「十大弟子像」，以及聖觀音及五尊變化觀音組成的「六觀音」等等，在這裡能夠一次將這些佛像一網打盡。

京都市上京區七本松通今出川上行
JR「京都」站轉乘公車至「上七軒」下車後徒步3分鐘

三千院

往生極樂院的本尊「阿彌陀三尊像」十分美麗。從京都的中心區域搭公車大概要花一個小時，務必預留充足的時間。

京都市左京區大原來迎院町540
JR「京都」站轉乘公車至「大原」下車後徒步10分鐘

六波羅蜜寺

傳說只要空也念佛，他的嘴裡便會出現代表「南無阿彌陀佛」的阿彌陀如來。而這裡便是以重現這個傳說、從嘴裡迸出佛像的空也像聞名。

京都市東山區松原通大和大路上行東
京阪「清水五条」站徒步7分鐘

廣隆寺

P.252

清涼寺

本尊的釋迦如來，是源自印度、臨摹釋迦生前樣貌的佛像，再由中國仿效製成的佛像。也就是著名的「三國傳來」佛像。

京都市右京區嵯峨釋迦堂藤ノ木町46
JR「嵯峨嵐山」站徒步7分鐘

蓮華王院 三十三間堂

P.253

泉涌寺

天皇世家的菩提寺，也設有陵寢。因其美貌而被稱為「楊貴妃觀音」的觀音像盛名遠播，因能夠祈求美貌而聞名。

京都市東山區泉涌寺山內町27
JR「京都」站轉乘公車至「泉涌寺道」下車後，徒步7分鐘

東寺

P.252

醍醐寺

是平安～鎌倉時期的佛像寶庫，如身材飽滿的藥師如來，以及表情像是在做夢一般的如意輪觀音等。由快慶所作的彌勒菩薩坐像也值得一看。

京都市伏見區醍醐東大路町22
市營地下鐵「醍醐」站徒步13分鐘

平等院鳳凰堂

P.253

國家圖書館出版品預行編目(CIP)資料

日本佛像圖解事典 / 吉田 SARASA 監修；
夏江 MAMI 繪；歐兆苓譯．── 初版．──
新北市：遠足文化，2017.08 ──（浮世繪；
37）
譯自：マンガで教養 やさしい仏像
ISBN 978-986-95006-0-9（平裝）
1. 佛像 2. 佛教藝術 3. 日本

224.6 106009720

浮世繪 37

日本佛像圖解事典

マンガで教養 やさしい仏像

監修──吉田 SARASA
繪者──夏江 MAMI
譯者──歐兆苓
執行長──陳蕙慧
總編輯──李進文
責任編輯─陳柔君、林蔚儒
通路行銷─陳雅雯、尹子麟、余一霞
封面設計─霧室
排版──菩薩蠻數位文化有限公司

社長──郭重興
發行人──曾大福
出版者──遠足文化事業股份有限公司
地址── 231新北市新店區民權路108-2號9樓
電話──(02)2218-1417
傳真──(02)2218-1142
電郵──service@sinobooks.com.tw
郵撥帳號─19504465
客服專線─0800-221-029
部落格──http://777walkers.blogspot.com/
網址──http://www.bookrep.com.tw
法律顧問─華洋法律事務所 蘇文生律師
印製──呈靖彩藝有限公司

初版一刷 2017 年 08 月
初版九刷 2023 年 03 月
Printed in Taiwan
有著作權 侵害必究

※如有缺頁、破損，請寄回更換
有關本書中的言論內容，不代表本公司/出版集團之立場與意見，文責由作者自行承擔

主要參考書目

- 《写真·図解 日本の仏像》
  藥師寺君子（西東社）
- 《仏像の事典》
  監修．熊田由美子（成美堂出版）
- 《仏像のひみつ》
  山本勉（朝日出版社）
- 《マンガでわかる仏像》
  監修．三宅久雄（誠文堂新光社）
- 《京都、仏像をめぐる旅》
  吉田 SARASA（集英社）
- 《奈良 寺あそび、仏像ばなし》
  吉田 SARASA（岳陽舍）

※可能因為改建施工等因素，導致不能參觀佛像、或是無法進入寺廟的情況發生。要前往寺廟之前，建議先向廟方詢問是否能夠參觀之後再行前往。

MANGA DE KYOUYOU YASASHII BUTSUZOU
Copyright ©2016 SARASA YOSHIDA
Originally published in Japan in 2016 by Asahi Shimbun Publications Inc.
Traditional Chinese translation copyright © 2017 by Walkers Cultural Co., Ltd.
All rights reserved.
No part of this book may be reproduced in any form without the written permission of the publisher.
Traditional Chinese translation rights arranged with Asahi Shimbun Publications Inc., Tokyo through AMANN CO., LTD., Taipei.